묵자의 원문 내용과 해석이 담긴

묵자(墨子)의
사랑 공부

묵자의 사랑 공부

펴 낸 날	2021년 12월 07일
지 은 이	조희전
펴 낸 이	이기성
편집팀장	이윤숙
기획편집	서해주, 윤가영, 이지희
표지디자인	서해주
책임마케팅	강보현, 김성욱
펴 낸 곳	도서출판 생각나눔
출판등록	제 2018-000288호
주 소	서울 잔다리로7안길 22, 태성빌딩 3층
전 화	02-325-5100
팩 스	02-325-5101
홈페이지	www.생각나눔.kr
이 메 일	bookmain@think-book.com

• 책값은 표지 뒷면에 표기되어 있습니다.
  ISBN 979-11-7048-322-9 (93150)

Copyright ⓒ 2021 by 조희전 All rights reserved.
· 이 책은 저작권법에 따라 보호받는 저작물이므로 무단전재와 복제를 금지합니다.
· 잘못된 책은 구입하신 곳에서 바꾸어 드립니다.

묵자의 원문 내용과 해석이 담긴

묵자墨子의 사랑 공부

조희전 지음

> 묵자란 누구인가?
> 묵자를 통해서 이 시대를 살아가는 사람들이
> 현실을 살아내는 지혜를 얻을 수 있다.

생각나눔

머리말

 묵자의 대표적인 사상은 겸애설이다. 겸애설은 서로 사랑하라는 주장이다. 사람들이 서로 사랑할 때 싸움과 다툼은 일어나지 않고 나라가 평화롭고 자애롭게 다스려질 수 있다는 것이다. 예수가 서로 사랑하라고 말한 것처럼 동양에도 이런 사랑을 말한 철학자가 있었다는 게 신기하다. 서로 지역은 달라도 진리는 하나라는 것을 느끼게 한다. 서로 사랑할 때 우리는 더 행복해질 수 있고 나라도 더욱 발전하게 될 것이다. 하지만 요즘은 사람들이 서로 사랑하는가? 서로 편을 갈라 다투기를 더 많이 하는 것 같다. 먼 묵자의 시대에도 이런 다툼이 많았던 것 같다. 서로 사랑하라는 주장은 과거에나 지금에나 통용되는 사상이라는 것이다. 부디 이 시대의 사람들도 겸애하는 마음으로 서로 사랑하여 서로 화목했으면 한다.

 '묵자'를 통해서 이 시대를 살아가는 사람들이 현실을 살아내는 지혜를 얻을 수 있다. 묵자의 텍스트는 직접 보고 이해하기가 쉽지 않다. 그 속에서 지혜를 찾아내는 일은 복잡하고 어려운 과정이다. 하지만 그 속에서 지식과 지혜를 찾아보려고 애썼으니 당신은 편하게 이 책을 읽어보면 될 것이다.

묵자는 이미 죽은 사람이다. 모든 사람이 죽을 것을 생각하면 가슴이 아프다. 하지만 죽은 묵자는 무엇을 남기려고 했을까? 아마 자신이 살던 것보다 더 사랑이 넘치는 시대 더 행복한 사회를 꿈꾸지 않았을까? 이 책을 통해 그 사회를 발견할 수 있다.

먼 미래에는 묵자의 DNA를 바탕으로 묵자를 되살려 낼지도 모른다. 하지만 현재로써는 『묵자』라는 책의 기록이 묵자를 알게 하는 전부이다. 묵자라는 책을 바탕으로 묵자를 현대로 되살리는 작업을 했다. 이를 위해 묵자의 원문의 내용과 그에 대한 해석을 실었다. 기원전 인물을 어떻게 현대적으로 해석을 했는지 잘 살펴보기를 바란다.

contents

머리말 · · · · · · · · · · · · · 4
프롤로그_묵자란 누구인가? · · · · · · · · · 12

제1부 | 묵자의 사상

제1권

1. 친사— 선비를 가까이하라 · · · · · · · 16
2. 수신— 자신부터 수양하라 · · · · · · · 20
3. 소염 · · · · · · · · · · · · 25
4. 법의 · · · · · · · · · · · · 28
5. 칠환— 나라를 망하게 하는 일곱 가지 재앙 · 30
6. 사과— 사치와 허례 의식을 하지 말라 · · · 36
7. 삼변 · · · · · · · · · · · · 40

제2부 | 세상을 바꾸기 위한 열 가지 주장

제1권

1. 상현 상 · · · · · · · · · · · · 42
2. 상현 중— 현명한 사람을 숭상하라 · · · · 44
3. 상현 하 · · · · · · · · · · · · 46

제2권

1. 상동 상 · · · · · · · · · · · · 48
2. 상동 중— 천하의 의견을 통일해야 한다 · · 50
3. 상동 하 · · · · · · · · · · · · 51

제3권

1. 겸애 상 · · · · · · · · · · · · · · · 54
2. 겸애 중 · · · · · · · · · · · · · · · 55
3. 겸애 하 · · · · · · · · · · · · · · · 57

제4권

1. 비공 상 · · · · · · · · · · · · · · · 60
2. 비공 중 · · · · · · · · · · · · · · · 61
3. 비공 하 · · · · · · · · · · · · · · · 62

제5권

1. 절용 상 · · · · · · · · · · · · · · · 64
2. 절용 중 · · · · · · · · · · · · · · · 65
3. 절장 하 · · · · · · · · · · · · · · · 66

제6권

1. 천지 상 · · · · · · · · · · · · · · · 70
2. 천지 중 · · · · · · · · · · · · · · · 74
3. 천지 하 · · · · · · · · · · · · · · · 77

제7권

1. 명귀 하 · · · · · · · · · · · · · · · 80
2. 비악 상 · · · · · · · · · · · · · · · 81

제8권

1. 비명 상 · · · · · · · · · · · · · 84
2. 비명 중 · · · · · · · · · · · · · 85
3. 비명 하 · · · · · · · · · · · · · 87
4. 비유 하 · · · · · · · · · · · · · 89

제9권

1. 경상 · · · · · · · · · · · · · · · 91
2. 경하 · · · · · · · · · · · · · · · 94

제10권

1. 대취 · · · · · · · · · · · · · · · 97
2. 소취 · · · · · · · · · · · · · · · 98
3. 경주 · · · · · · · · · · · · · · · 98

제11권

1. 귀의 · · · · · · · · · · · · · · · 100
2. 공맹 · · · · · · · · · · · · · · · 102

제12권

1. 노문 · · · · · · · · · · · · · · · 106
2. 공수 · · · · · · · · · · · · · · · 108

제3부 | 묵자를 만나다

제1권

1. 친사 · · · · · · · · · · · · · 112
2. 수신 · · · · · · · · · · · · · 116
3. 소염 · · · · · · · · · · · · · 117
4. 법의 · · · · · · · · · · · · · 118
5. 칠환 · · · · · · · · · · · · · 119
6. 사과 · · · · · · · · · · · · · 121
7. 삼변 · · · · · · · · · · · · · 125

제2권

1. 상현 상 · · · · · · · · · · · · 126
2. 상현 중 · · · · · · · · · · · · 129
3. 상현 하 · · · · · · · · · · · · 132

제3권

1. 상동 상 · · · · · · · · · · · · 134
2. 상동 중 · · · · · · · · · · · · 137
3. 상동 하 · · · · · · · · · · · · 139

제4권

1. 겸애 상 · · · · · · · · · · · · 142
2. 겸애 중 · · · · · · · · · · · · 146
3. 겸애 하 · · · · · · · · · · · · 150

제5권

1. 비공 상 · · · · · · · · · · · · · 154
2. 비공 중 · · · · · · · · · · · · · 157
3. 천지 하 · · · · · · · · · · · · · 159

제6권

1. 절용 상 · · · · · · · · · · · · · 162
2. 절용 중 · · · · · · · · · · · · · 164
3. 절장 하 · · · · · · · · · · · · · 166

제7권

1. 천지 상 · · · · · · · · · · · · · 170
2. 천지 중 · · · · · · · · · · · · · 174
3. 천지 하 · · · · · · · · · · · · · 177

제8권

1. 명귀 하 · · · · · · · · · · · · · 179
2. 비악 상 · · · · · · · · · · · · · 181

제9권

1. 비명 상 · · · · · · · · · · · · · 184
2. 비명 중 · · · · · · · · · · · · · 187
3. 비명 하 · · · · · · · · · · · · · 189
4. 비유 하 · · · · · · · · · · · · · 190

제10권

1. 경하 · · · · · · · · · · · · · · · 194
2. 경설 상 · · · · · · · · · · · · · 195
3. 경설 하 · · · · · · · · · · · · · 196

제11권

1. 대취 · · · · · · · · · · · · · · · 199
2. 소취 · · · · · · · · · · · · · · · 204
3. 경주 · · · · · · · · · · · · · · · 204

제12권

1. 귀의 · · · · · · · · · · · · · · · 210
2. 공맹 · · · · · · · · · · · · · · · 214

제13권

1. 노문 · · · · · · · · · · · · · · · 220
2. 공수 · · · · · · · · · · · · · · · 221
3. 52~71장 · · · · · · · · · · · · · 222

에필로그 · · · · · · · · · · · · · · · 223
참고문헌 · · · · · · · · · · · · · · · 224

| 프롤로그 |

묵자란 누구인가?

묵자는 대략 기원전 470년 이전에 태어나 기원전 393년에 죽었다고 알려진다. 이는 그가 공자 뒤에 태어나 맹자 출생 전에 죽었을 확률이 높다. 그는 공자 다음에 태어난 철학자라고 대략 생각하면 될 것이다. 그는 노동자 계층에서 태어났다고 여겨지는데 기술이 매우 뛰어난 장인이었다고 한다. 하지만 묵자는 육체노동자가 아니라 한 사람의 선비였다. 묵자는 학습과 실천으로 스스로의 학문을 만들어 겸애와 비공 등의 사상을 주장했다. 묵자는 유가와 함께 선진 시기에는 대단한 인기를 누렸으며 공자와 비견되는 인물이기도 하다. 하지만 여러 이유로 인해 유가에 비해 묵가의 사상은 이어지지 않아 지금의 연구 결과는 부족한 것이 현재 실정이다.

묵자와 다른 사상가 비교

1. 묵자와 공자

	묵자	공자
핵심 사상	겸애, 비공	인
음악에 대한 태도	음악 금지	음악 예찬
운명론	운명론 부정	운명론 주장

2. 묵자와 예수

	묵자	예수
핵심 사상	겸애, 두루 사랑하라	네 이웃을 네 몸같이 사랑하라.
추구하는 것	현재 나라 안에서의 변화 갈망	하느님의 나라 구함

3. 묵자와 불교

	묵자	불교
핵심사상	겸애	자비
음악에 대한 태도	음악을 거부	소리에 빠지지 말라(오감 경계)

제1부
묵자의 사상

제1권

1. 친사 – 선비를 가까이하라

❶

나라를 세웠으나 그 나라의 선비를 존중하지 않는다면 나라를 잃는다. 현명한 인재를 보고도 서두르지 않는다면 게으른 군주라 할 것이다.

入国而不存其士則亡国矣. 見賢而不急則緩其君矣.

✎ 인재는 중요합니다. 삼성의 창업주 고 이병철 회장은 인재가 제일 중요하다는 원칙을 가지고 살았었던 CEO였다. 삼성의 인재 제일주의는 지금까지 이어지고 그 원칙이 삼성전자가 세계 1위를 하는 원동력이 되었던 것이다. 국가에서도 인재를 중요시하지만 특히나 기업에서는 인재를 중요시하는 것 같다. 세계적인 연구에 의하면 회사가 성장하고 잘 되는 데는 알맞은 인재의 선발이 가장 중요하다고 한다. 정치인들도 조금 더 좋은 인재를 끌어들이려고 날마다 애쓴다. 우리 생활 곳곳에 인새를 원하는 곳이 많다. 이런 사실을 안다면 조금 더 나은 존재가 되려고 노력하는 것은 어떨까?

❷

가장 좋은 것은 패배한 적이 없는 것이겠으나 그다음은 패배하였더라도 성공을 이끌어내는 것이다.

太上無敗. 其次敗而有以成.

✒︎ 모든 성공한 사람들의 공통점이 있다. 그것은 큰 실패를 경험했다는 것이다. 지금의 성공은 모두 과거의 실패로부터 얻은 교훈을 통해 이루어 낸 것들이다. 묵자의 시대에도 마찬가지였나 보다. 군주는 때론 높은 지위에서 여러 가지 판단을 내리는 데 실패할 수도 있다. 하지만 그것에 의기소침해서는 안 된다. 누구나 실수와 잘못된 판단을 내릴 수 있다. 중요한 것은 그다음이다. 과거의 실패로부터 교훈을 찾아내 삶에 다시 적용하면 성공할 수 있다. 많은 사람들이 그렇게 해서 성공한 것이다. 셀트리온의 서정진 회장 역시 직장에서 잘리는 위기를 겪었다. 하지만 그는 사업에 도전에 성공했다. 사업 도중에도 큰 위기를 만났으나, 그 위기를 통해 교훈을 얻었고 더욱더 성장할 수 있었다고 한다.

예부터 이런 말이 있다. 실패는 성공의 어머니이다. 이 말은 진실이다.

❸

지금 송곳 다섯 개가 있다면 어느 것이 뾰족한가 보고 그중에 가장 뾰족한 것부터 부러질 것이요, 칼이 다섯 개가 있다면 어느 것이 날이 섰나 보고 그중에 가장 잘 드는 것부터 무디어질 것이다. 이와 같이 달콤한 우물이 먼저 마르고 높다란 나무가 먼저 베이며 영험한 거북이가 (점을 치기 위해) 먼저 구워지고 신령스런 뱀이 (기우제를 위해) 먼저 말려질 것이다. 그렇기 때문에 비간은 자신의 항거로 인해 목숨을 잃었고, 맹분은 자신의 용기로 인해 죽임을 당했으며, 서시가 물로 뛰어든 것은 자신의 미모 때문이고, 오기가 몸이 찢기는 형벌을 받은 것은 자신의 일에 뛰어났기 때문이다. 이들은 자신이 갖은 장점으로 인해 죽게 된 것이니 이 때문에 말하기를 "크게 성한 것은 지키기 어렵다."라고 한다.

今有五錐. 此其銛. 銛者必先挫. 有五刀此其錯. 錯者必先靡. 是以甘井近竭. 招木近伐. 靈龜近灼. 神蛇近暴. 是故比干之殪. 其抗也. 孟賁之殺其勇也. 西施之沈. 其美也. 吳起之裂. 其事也. 故彼人者. 寡不死其所長. 故曰太盛難守也.

✎ 사람은 누구나 자신만의 장점을 가지고 있다. 하지만 나의 잘남으로 인해 쓰임 받을 수도 있지만, 나의 잘남이 너무도 강해 그것으로 인해 목숨을 잃을 수도 있다. 그래서 나의 잘남은 나의 장점이 될 수도 있지만, 나의 원수가 될 수도 있는 것이다. 그렇기에 스스로 잘남을 과시하지 말고 나의 잘남이 나의 발목을 잡을 수도 있다는 것을 기억해 두어야 할 것이다. 양귀비는 기구한 운명을 살았다. 그녀는 역사에 남을 정도로 매우 아름다웠으나 그녀는 젊은 나이에 죽어야 했다. 그녀의 아름다움은 그녀를 이롭게도 했지만, 결국엔 그녀의 발목을 잡아 죽음으로 이끈 것이다. 삼국지에는 양수라는 사람이 있다. 매우 뛰어난 두뇌를 지녔지만 그의 두뇌로 인해 조조의 화를 사서 이른 나이에 죽고 말았다. 그의 뛰어난 두뇌는 그에게 도움을 주었지만, 너무 자만한 나머지 상사의 눈총을 받아 죽고 만 것이다. 이처럼 남보다 뛰어난 것은 이득을 주기보다 나의 생명을 짧게 한다는 것을 알아 스스로 조심하는 것이 좋을 것이다.

❹

좋은 활은 당기기 어렵지만 그렇기 때문에 높이 날아 깊이 박히고 좋은 말은 몰기 어렵지만 그렇기 때문에 무거운 짐을 싣고 멀리 나아갈 수 있으며, 좋은 인재는 부리기 어렵지만 그렇기 때문에 임금의 존엄함을 보일 수 있다.

良弓難張. 然可以及高入深. 良馬難乘然可以任重致遠. 良才難令. 然可以致君見尊.

✎ 좋은 물건이나 사람들은 그 자체로는 좋으나 사용하거나 부리기에 어려울 수 있다. 이와 관련된 사례가 있어 소개하고자 한다. 알렉산드리아 대왕은 세계를 지배한 대왕으로 유명하다. 그는 말을 구하고 있었는데 아무도 길들이지 못한 거친 말이 한 마리 있었다. 좋은 주인은 좋은 말을 알아본다고 그는 말을 타고 고삐를 잡아 그 말을 길들였다. 그 말은 알렉산드리아 대왕과 최고의 궁합이었고 알렉산드리아 대왕은 그 말을 타고 전장을 누벼 세계를 정복했다고 한다. 이처럼 어떤 사물이나 사람에는 길들이는 시간이 필요하다. 그러면 그 물건이나 사람의 가치를 최대한 발휘할 수 있을 때가 올 것이다.

❺

천지는 환하나 그 환함을 드러내지 않으며
큰 물은 세차게 흐르지만, 그 세참을 드러내지 않고
큰 불은 밝지만, 그 빛남을 드러내지 않으니

큰 덕을 지녔으나 그 높음을 드러내지 않는 사람이 곧 천 사람의 우두머리가 될 수 있다.

是故天地不昭昭, 大水不潦潦, 大火不燎燎, 王德不堯堯者, 乃千人之長也.

 자신을 드러내지 않는 것 이것은 동양만의 독특한 철학이다. 서양에서는 자신을 적극적으로 어필하려고 한다. 이런 서양적 사고로 인해 자기 PR의 시대라는 말도 있다. 요즘의 환경과 시장 상황을 보면 마케팅을 적극적으로 해야 하기에 이런 방법이 맞는 것도 같다. 그렇다면 동양의 사고는 틀린 것일까? 그렇지 않다. 동양의 사고는 자신을 실력과 가치를 갈고닦는 것을 말한다. 시끄럽게 홍보하거나 떠들지 않고 자신의 내공을 쌓는데 묵묵히 시간을 바친다. 그리고 그것을 사용해 본 소비자들에 의해 입소문이 나면서 크게 성공하게 된다. 이것이 바로 동양적인 마케팅 노하우가 아닐까? 이런 지혜를 묵자로부터 배울 수 있다는 점이 또한 놀라운 일이다.

2. 수신- 자신부터 수양하라

❶

선왕이 천하를 다스릴 때는 반드시 가까운 곳을 살피고서야 먼 곳과 왕래하였고, 군자는 가까운 곳을 살피고 가까운 곳부터 수련하였다.

是故先王之治天下也. 必察迩來遠. 君子察迩而迩修者也.

✐ 군자는 자신부터 닦는 사람이다. 우리는 얼마나 자신을 반성하고 있는가? 특히나 낮은 자리에서는 열심히 노력하던 사람도 높은 자리나 권력 있는 자리에 올라서면 멋대로 해서 명예는 잃곤 한다.

실천의 중요성은 묵자 시대부터 있었다. 요즘 나오는 이야기가 아니라는 것이다. 그래서 고전을 읽는 사람은 자연스레 큰 지혜가 생길 수밖에 없다.

❷

군자는 전쟁에 나아가 진을 갖추나 그 근본은 용맹에 있다. 장례를 치를 때는 예를 갖추나 그 근본은 슬픔에 있다. 선비는 학문을 닦으나 그 근본은 행동에 있다. 그러니 근본이 불안함을 바로 잡으려 해야지 결말만 풍성하기를 애써서는 안 된다.

君子戰雖有陳. 而勇為本焉. 喪雖有礼. 而哀為本焉. 士雖有学. 而行為本焉. 是故置本不安者. 無務豊末.

✐ 묵자는 여러 가지 세상에 대한 지혜를 준다. 그것은 전쟁에 관한 것, 상을 치르는 것, 선비로서의 몸가짐에 대한 것이다. 이런 기본적인 상식에 관한 것들에 대해 요즘은 다른 곳에서 배우기 힘들다. 그런데 이 옛날 책에 이런 것들이 적혀 있으니 얼마나 값진 정보와 지식인가? 묵자는 뿌리를 튼튼히 다지는 것의 중요성을 말했다. 우리가 살아감에 있어

뿌리는 무엇일까? 나는 그것을 철학이라고 본다. 철학이 튼튼하게 다져진 사람은 일을 하든 공부를 하든 무엇을 하든 간에 잘해낼 수 있다고 믿는다. 철학은 만능 줄기세포와 같다. 어떤 학문으로도 뻗어갈 수 있으며 어떤 일로도 이어갈 수 있다. 그러므로 삶을 잘 살기 원하는 자라면 철학 공부에 힘을 써야 할 것이다.

❸
가까운 사람들과 친하지 않으면 멀리 있는 사람들을 불러 모을 수 없다. 부모조차 따르지 않으면 대외적으로 넓게 사람들을 사귈 수 없다.

近者不親. 無務求遠. 親戚不附. 無務外交.

✎ 인맥에 대한 고민은 옛날이나 지금이나 마찬가지이다. 최근에 들어서 사람들이 인맥에 대한 고민이 특히 많은데 요즘 나온 책보다도 묵자의 책이 더 도움이 된다. 가까운 사람과 더욱 친할 것 그리고 부모의 뜻을 따를 것을 제안하고 있다. 이는 기본 중의 기본으로 이것이 되지 않으면 더 넓은 인간관계는 부족하다는 가르침이다. 우리도 인맥에 대한 가르침을 찾아 헤매지 말고 『묵자』를 더욱 공부해 보자. 묵자의 가르침을 따르다 보면 인맥에 대한 문제도 해결됨을 알 수 있다. 온고지신이라는 말처럼 지혜는 최근 것에 있는 것이 아니라 옛날의 철학에 있다.

❹
군자의 도는 가난함에 겸손을 보이고 부유함에 의로움을 보이고 삶에

사랑을 보이고 죽음에 슬픔을 보이는 것이다. 겸손과 의로움, 사랑, 슬픔은 꾸밀 수 없는 것이니 자신을 돌아보아야 할 것이다.

君子之道也. 貧則見廉. 富則見義. 生則見愛. 死則見哀.

🖋 군자라고 하면 옛날 인간상 같아 보이지만 꼭 그렇지만은 않다. 옛 것이라서 고루해 보일지는 모르지만 오늘날의 기준으로 보았을 때 혼란한 지금 상황에서 따라야 할 바른 인간상이라고 볼 수 있다. 군자는 부유할 때에는 청렴함을 보여야 한다. 부유할 때 더한 탐욕에 젖는 오늘날의 인간상과는 달리 군자는 의로움을 가진다고 보았다. 산자에 대해서는 자애로움을 나타내는 것은 전쟁으로 서로를 죽이는 이 시대에 경종을 울린다. 죽은 자에 대해서 슬픔을 나타내 위로하는 것은 사람들으로서 바른 도리가 어떤 것인지 보여준다. 자기반성을 하는 군자의 모습을 통해 이 사회에서 바람직한 가치를 갖고 사는 게 어떠한 것인지 알 수 있다.

❺

지혜는 마음으로 말하되 구구절절 늘어놓지 않는 것이다. 많은 힘을 들여도 공을 자랑하지 않으면 천하에 명예가 드높을 것이다.

慧者心辯而不繁說. 多力而不伐功此以名譽揚天下.

🖋 우리는 명예를 얻고자 한다. 그렇다면 명예는 어떻게 얻을 수 있을까? 내가 한 일을 떠벌려야 할까? 묵자는 정반대의 행동을 하라고 한다.

그것은 말을 하지 않고 자랑하지 말라는 것이다. 오히려 그 때문에 명예가 퍼져 나간다고 한다. 이것은 기본적인 상식을 깬 아이러니한 일이다. 동양에서는 역의 법칙이 있다. 역으로 행할 때 오히려 그것이 이뤄지는 것이다. 명예를 얻고자 하는 일에도 이런 역의 법칙이 적용되는 것이다. 그러므로 명예를 얻고자 하면 자신의 일을 자랑하지 말자. 명예를 주는 것은 상대방이다. 내가 나서서 말을 한다고 해서 없는 명예를 얻을 수는 없는 것이다.

❻

제 이익만 생각하고 이름을 잊고 함부로 하여도 천하의 선비가 된 경우란 없다.

思利尋焉. 忘名忽焉. 可以爲士于天下者. 未嘗有也.

✎ 선비는 누구인가? 그것은 이름을 남기는 자이다. 호랑이는 죽어서 가죽을 남기고 사람은 죽어서 이름을 남긴다는 말이 있다. 먼 옛날부터 관직에 나가 이름을 떨치는 것을 효도라고 여겼다. 유교에서는 그것을 효도라고 여겼다. 이점에서는 묵자도 마찬가지인 듯하다. 묵자 역시 이름을 남기는 것을 중요하게 여겼다. 어느 역사적 인물이 안 그랬겠는가만은 모두 자신의 이름을 남긴 것이 역사적 인물의 특징이다. 그들은 이름을 남기기 위해 나머지 사소한 것들을 희생했다. 비록 그들 중에 자신의 목숨을 잃은 사람도 많았지만 그들의 이름은 명예롭게 남아서 길이길이 보전되고 있다.

3. 소염

❶

　묵자께서 실을 물들이는 것을 보고는 한탄하며 말씀하셨다. 푸르게 물들이면 푸르게 되고 노랗게 물들이면 노랗게 되고 물들이는 대로 그 색이 변하는구나. 다섯 색으로 물들이면 반드시 다섯 색을 띄나니 물드는 것은 삼가지 않을 수 없다.

子墨子言. 見染絲者而歎曰. 染于蒼則蒼. 染于黃則黃. 所入者変. 其色亦変. 五入必. 而已則為五色矣. 故染不可不慎也

　✎ 근묵자흑이라는 말이 있다. 검은색을 가까이하면 검어진다는 말이다. 친구 따라 강남 간다는 말도 있다. 가까이하는 것과 비슷하게 변하기 쉽다는 말이다. 묵자 역시 이 사실을 잘 알고 있었다. 물감의 색깔에 따라 그 물감에 넣은 실의 색이 달라진다. 우리도 어떤 환경에 처해있느냐가 중요하다. 맹자 어머니가 맹자를 위해서 이사를 세 번이나 가면서 주위 환경에 신경 썼다. 우리도 우리 자신의 환경을 다시금 살펴야 한다. 주위에 좋지 않은 사람들만 가득하다면 우리도 똑같이 그렇게 될 것이다. 『해빗』이라는 책을 보면 주위 사람들이 어떤 한가에 따라서 자신도 생활도 결정된다고 한다. 예를 들어 한 지역 어떤 사람의 운동 지수가 높다면 그 지역의 다른 사람도 운동 지수가 높다는 말이다. 부자가 되려면 부자 친구를 많이 사귀라는 말이 있다. 실제 부자 친구가 10명만 있다면 그 사람은 급속도로 부자가 된다고 한다. 늘 주위를 살펴 좋은 사람

과 사귀고 무엇보다도 스스로가 좋은 사람이 되기 위해 노력해야 할 것이다. 묵자도 그것을 말하려고 했던 것이 아닐까?

❷

실만 물드는 것이 아니라 나라도 물든다. 순 임금은 허유와 백양에게 물들었고 우 임금은 고도와 백익에게 물들었으며 탕 임금은 이윤과 중훼에게 물들었고 무왕은 태공과 주공에게 물들었다. 이 네 임금은 마땅한 것에 물들어 천하의 왕이 되어 천자에 올라 명성이 천지를 덮었다. 천하의 어질고 의로운 사람을 거론할 때는 이 네 임금을 반드시 일컫는다.

非独染糸然也. 国亦有染. 舜染于許由. 伯陽. 禹染于皋陶伯益. 湯染于伊尹仲虺. 武王染于太公周公. 此四王者. 所染当. 故王天下. 立為天子. 功名蔽天地. 挙天下之仁義顕人. 必称此四王者.

✎ 앞서 말한 것과 마찬가지로 실뿐만 아니라 임금도 그의 신하들의 영향을 받지 않을 수 없다는 내용이다. 그러므로 신하를 뽑는데 얼마나 신중을 기해야 하는지를 알 수 있다. 기업들도 신규 사원을 채용하는 데 갖은 노력을 기울인다. 하지만 그중에 살 뽑은 식원은 얼마 되지 않는다고 한다. 그렇게 사람을 채용하는 것은 중요하지만 쉽지 않은 일이다. 우리의 대부분은 CEO가 아니라 사원이다. 하지만 그렇다고 우리의 지위가 낮다고 별 볼 일 없는 것은 아니다. 우리의 지위는 낮지만 CEO에게 영향을 주어 회사의 운명을 좌우할 수 있을 정도로 밀접한 영향력을 행사할 수 있다. 실이 물감에 물들이듯이 사람들 간의 운명도 서로가 서로를

물들인다. 이 사실을 안다면 회사에 기여하는 좋은 사원이 될 수 있도록 노력하는 것이 필요할 것이다.

❸

나라만 물드는 것이 아니라 선비도 물든다. 그 벗들이 모두 어질고 의로움을 좋아하고 순박 검소하여 법령을 두려워한다면 가문이 날로 번창하고 몸이 날로 편안해질 것이며 이름은 날로 영예를 얻을 것이어서 관직에 나아가면 이치에 맞게 행하니 예를 들면 단간목이나 금자와 같은 이들의 이야기가 전해 내려오는 것이다.

其友皆好仁義. 淳謹畏令. 則家日益. 身日安. 名日榮. 処官得其理矣.

 친구는 그 사람의 그림자라는 말이 있다. 그만큼 친구와 나는 밀접한 관련이 있다. 어짊과 의로움을 좋아하는 좋은 친구를 두면 나의 삶이 날로 발전하고, 오만하며 뽐내기를 좋아하는 친구들을 사귀다 보면 내 삶도 무너지게 되는 것이다. 친구에 관한 고사는 관중과 포숙아에 대한 이야기가 있다. 관중은 벼슬길에 번번히 나가지 못했으나, 포숙아는 친한 친구였던 관중을 알아보고 임금님께 천거하는 것을 멈추지 않았다. 결국 관중은 이런 말을 남겼다. "나를 낳은 것은 부모님이지만 나를 알아주는 것은 포숙아였다." 우리의 친구 관계도 이러해야 하지 않을까? 그리고 앞에서도 말했듯이 내가 먼저 좋은 친구가 되겠다는 마음가짐으로 사는 것이 친구 관계를 좋게 만들고 내 삶을 발전시키는 첩경이 될 것이다.

4. 법의

법도를 모방하고 따라 한다면 오히려 자신이 마음대로 하는 것보다 나을 수 있다.
그러므로 각종 일에 종사하는 공인들은 모두 법도가 있어야 한다.

放依以從事. 猶逾已. 故百工從事. 皆有法所度.

❶
세상일에는 모두 법칙이 있다. 선비부터 장인들까지 이런 법도를 따를 때보다 나은 성과를 얻을 수 있다. 그래서 묵자는 자신 마음대로 하지 말고 법도를 모방하고 따르라고 한 것이다. 제멋대로 하는 것으로는 한계가 있다. 전문 프로 선수들은 전문가로부터 배운다. 개인적으로 독학하는 데는 한계가 있다. 더 나은 실력자 참스승을 만나야 더욱 체계적이고 보다 프로페셔널한 사람으로 거듭날 수 있다. 이 사실을 안다면 자신 스스로 하려고 하지 말고 올바른 스승을 찾아 그로부터 지식이나 기술을 전수받아야 할 것이다. 김연아는 피겨에 빼어난 재능이 있었지만 혼자서 마음대로 스케이트를 타지 않았다. 전문 프로 코치들에게 철저한 드레이닝을 받아 만들어진 선수이다. 이 사실을 안다면 당신이 학생이든 직장인이든 혼자서 해결하려 하지 말고 상급자나 선생님에게 철저한 교육을 받는 게 좋을 것이다.

❷

   하늘의 법도보다 더 좋은 것은 없다. 하늘의 움직임은 넓고도 사심이 없으니 베푸는 것은 두터우면서도 덕을 내세우지 않고 그 밝음은 영구하고 쇠락하지 않으니 성왕의 법이라 할 것이다.

     故曰莫若法天. 天之行広而無私. 其施厚而不德. 其明久而不衰.
         故聖王法之.

  ✎ 여기서 하늘은 무엇일까? 그것은 자연이라고도 볼 수도 있고 신으로 볼 수도 있을 것 같다. 혹은 우리의 조상으로도 볼 수 있을 것이다. 그들은 우리에게 많은 혜택을 준다. 그들은 우리를 해하지 않고 좋은 것만을 준다. 그래서 임금님도 하늘을 법도로 삼았다. 하늘을 법도로 삼았다는 것은 하늘의 뜻을 원칙으로 삼았다는 뜻이다. 하늘의 뜻은 어떻게 보면 또 백성들의 뜻이라고도 볼 수 있다. 그래서 옛날에는 이처럼 하늘의 뜻에 따랐기에 임금도 백성도 행복하게 살 수 있었던 것이다.

❸

   그러므로 말하길, "사람을 사랑하고 사람들 돕는 자는 하늘이 반드시 그 복을 내리며, 사람을 싫어하고 사람들 해치는 자는 하늘이 반드시 그 화를 내린다."

      故曰. 愛人利人者. 天必福之. 悪人賊人者. 天必禍之.

✎ 하늘의 뜻이라고 하니 고루하고 옛날 철학이라고 생각하는 사람이 있을 듯하다. 하지만 그렇지 않다. 하늘이 복을 내린다는 것은 낡은 이야기가 아니다. 우리가 남에게 도움을 주면 그 보답을 받는다. 애플이 잘 나가는 회사가 된 것은 좋은 제품으로 사람들에게 많은 이로움을 주었기 때문이다. 이처럼 다른 사람을 이롭게 하는 사람은 그것이 하늘의 뜻인지 사람의 뜻인지는 모르나 복을 받게 되어 있고 남을 해롭게 하는 사람은 벌을 받게 되어 있다. 오늘날에는 법으로 이를 명확히 정하지만, 그 옛날에는 그 법이 있기 전에도 그 사람은 벌을 받는다고 확신한 듯하다. 그러므로 우리는 남을 해롭게 하는 일은 가급적 하지 않은 편이 좋다. 남에게 이익되는 일을 하는 것이 자신의 운명을 개척하는 데 도움이 될 것이다.

5. 칠환 - 나라를 망하게 하는 일곱 가지 재앙

(나라의) 도구인 식량은 성인이 보배로 여긴 것이다. 그리하여 『주서』에 이르기를 "국가에 삼 년 치 식량이 없다면 그 나라는 나라가 아니다. 집안에 삼 년 치 식량이 없다면 자식도 자식이 아니다."라고 하였다. 이를 일컬어 국비라 한다.

且夫食者聖人之所宝也. 故周書曰. 国無三年之食者. 国非其国也. 家無三年之食者子非其子也. 此之謂国備.

❶

 나라를 다스리는 데 무엇이 가장 중요한가? 어떤 이는 도덕성을 중시할지도 모르지만, 도덕성보다 더 중요한 게 경제적으로 풍족한가이다. 공자도 나라를 다스리는데 백성을 잘살게 해주는 게 첫째라고 주장한 바 있다. 묵자는 나라에 3년 동안 먹을 음식이 없다면 그 나라는 나라가 아니라고 하였다. 예나 지금이나 경제는 나라의 가장 중요한 요소인 것 같다. 그렇기에 돈, 돈 하는 세상이라고 비판하지 말자. 예전부터 돈은 인생에서 가장 중요한 것이었다. 돈을 기준으로 진로를 선택하는 것도 비판하지 말자. 잘 먹고 잘 사는 게 무슨 잘못인가? 행복은 최소한의 경제적 기반에서 온다. 돈을 버는 것은 잘못된 일이 아니다.

❷

 묵자께서 말씀하셨다. 나라에 일곱 가지 근심이 있으니 일곱 가지 근심이란 무엇인가? 성곽과 해자가 지키지 못하는데 궁궐을 늘리니 첫 번째 근심이다. 국경을 맞댄 사방에서 이웃을 구할 수 없으니 두 번째 근심이다. 쓸모없는 공사에 백성의 힘을 소진하고 능력 없는 사람에게 상을 주어 백성의 힘이 쓸모없이 소진되고 재화와 보물이 손님 접대에나 허투루 쓰이니 세 번째 근심이다. 소임을 맡은 자는 녹봉이나 지키려 하고 유세객은 인맥이나 쌓으려 하며 임금은 법을 고쳐서라도 신하를 없애고 신하는 두려워 감히 떨치지 못하니 네 번째 근심이다. 임금이 스스로 성인을 자처하며 지혜를 뽐내어 일 처리를 묻지 않고, 스스로 안위가 굳건하다 하여 지킬 준비를 하지 않으며, 사방의 이웃이 모략을 꾸며도 경계하지 않으니 다섯 번째 근심이다. 미더워하는 자는 충성스럽지 못하고 충성하는 자는 미더워하지 않으니 여섯 번째 근심이다. 가축이며 씨앗이며 콩과 조가 있어도 먹이기에 부족하고 대신은 일 처리가 부족하고 상을 주어도 기뻐하지 않고 벌을 주어도 두려워하지 않으니 일곱 번째 근심이다. 이 일곱 가지 근심이 국가에 머물면 반드시 사직이 없어진다.

子墨子曰. 国有七患. 七患者何. 城郭溝池不可守. 而治宮室. 一患也. 邊国至境. 四鄰莫救. 二患也. 先尽民力無用之功. 賞賜無能之人. 民力尽于無用. 財宝虛于待客. 三患也. 仕者持禄. 游者愛佼. 君修法討臣. 臣懼而不敢払. 四患也. 君自以爲聖智. 而不問事. 自以爲安強. 而無守備. 四鄰謀之不知戒. 五患也. 所信者不忠. 所忠者不信. 六患也. 畜種菽粟. 不足以食之. 大臣不足以事之. 賞賜不能喜. 誅罰不能威. 七患也. 以七患居国必無社稷.

❸

칠환에서는 일곱 가지 환난을 말하고 있다. 이 내용은 상식적인 내용이기에 읽으면 이해하기에는 큰 무리가 없을 것이다. 나라는 군주 신하 백성들로 이루어져 있고 각 위치에서 자신의 위치에 맡는 역할을 충실히 할 때 그 나라는 발전할 수 있을 것이다. 여기서 환난이 되는 것은 각 위치에 있는 사람들이 제대로 행동하지 못했기 때문이다. 더 상세히 살펴보자면 두 번째 환난은 외교정책의 문제, 세 번째 환난은 백성관리의 문제 네 번째 환난은 법률재정의 문제, 다섯 번째 환난은 군주의 처신의 문제, 여섯 번째 환난은 신임의 문제 일곱째 환난은 상벌의 문제이다. 이처럼 나라를 굴러가게 하는 것은 쉽지 않은 일이다. 외교와 경제, 그리고 임용에 이르기까지의 많은 문제들이 산적해 있는 것이 국가의 일이다. 이 사실을 안다면 진정 좋은 정부를 만드는 일이 쉽지 않음을 알고 바른 정치를 위해 많은 사람들이 힘을 모아야 할 것이다.

❹

지금 업고 가던 자식을 물에 빠뜨렸거나 우물 속에 빠졌다면 그 어미는 반드시 아이를 따라 들어가 건져 낼 것이다. 올해 가뭄이 들어 백성이 기근을 맞아 굶주린다면 아들이 물에 빠진 것보다 더 고통스러운 일이니 어찌 살피지 않을 수 있겠는가? 그렇기에 풍년에는 백성도 어질고 선량하며 흉년에는 백성도 모질고 악해지는 것이다.

今有負其子而汲者. 隊其子于井中. 其母必從而道之. 今歲凶民飢道. 餓重其子. 此疚于隊. 其可無察邪. 故時年歲善. 則民仁且良. 時年歲凶. 則民吝且惡.

✎ 백성을 대하는 군주의 마음은 어린 자식을 대하는 어머니와 같다. 백성이 굶주리고 죽어가는 자가 나오는데 그것을 살피지 않을 군주는 없다. 백성은 배가 부르면 선량해지고 굶주리면 포악해지기 마련이다. 이 것은 옛날의 문제라고 생각하지 말라. 우리나라는 20세기 초만 해도 보릿고개라는 것이 있었고 실제로 굶주리고 있었다. 그러니 농업이 발달하지 않았던 그 옛날에 굶주리는 사람이 얼마나 많았겠는가? 먼 옛날까지도 볼 것 없다. 북한이나 아프리카의 여러 어린이들은 실제로 굶주리고 있다. 굶주림의 문제가 먼 옛날이나 남의 이야기가 아니라는 이야기이다.

우리는 이 사실을 알기에 세상의 기아를 없애기 위한 조력의 손길을 주어야 할 것이다.

❺

"탕 임금 때 5년의 가뭄이 있었다."라고 하여 흉년과 기근이 그때도 있었다고 한다. 그런데도 얼어 죽거나 굶어 죽었다는 이가 없으니 어째서인가? 재물을 만드는 데 치밀하였고 쓰는 데 절약하였기 때문이다.

殷書曰. 湯五年旱. 此其離凶餓甚矣. 然而民不凍餓者何也. 其生財密. 其用之節也.

✎ 요즘도 나라에서는 저장되어있는 곡물의 양을 조절하곤 한다. 묵자가 살던 그 예부터 그런 식으로 조절했던 모양이다. 그래서 기근이나 흉년이 왔을 때도 백성이 굶어 죽지 않을 수 있었다. 이렇게 보면 국가 지도자의 지혜가 얼마나 중요한지 알 수 있다. 현명한 국가 지도자를 만난 나라의 백성들에게는 행복이 현명하지 못한 나라의 지도자를 만난 백성들에게는 불행이 찾아올 것이다. 국가 경제의 발전 정도는 그 국가의 민주성 보다는 그 국가 지도지기 얼미니 뛰이나냐에 달렸다고 한다. 그런 면에서 우리나라를 비롯한 몇몇 나라는 지도자를 잘 만났다고 볼 수 있고 불행히 능력 없는 지도자를 만난 나라들은 아직도 후진국에 머무르고 있다.

❻

걸 임금은 탕 임금을 (가벼이 여겨) 대비하지 않았기에 추방당하는 신세가 되었다. 주 임금은 무왕을 (가벼이 여겨) 대비하지 않았기에 살해되었다. 걸 임금이나 주 임금은 존귀한 천자로서 마땅히 천하를 다스렸는데, 어찌하여 사방 백 리에 불과한 나라의 임금에게 패망했는가? 존귀함을 당연히 여겨 대비하지 않았기 때문이다. 그러므로 준비는 국가의 중대사다.

夫桀無待湯之備故放. 紂無待武之備故殺. 桀紂貴為天子. 富有天下. 然而皆滅亡于百里之君者. 何也. 有富貴而不為備也. 故備者国之重也.

✎ 걸 임금과 주 임금의 나라는 부귀는 있었지만, 대비를 하지 않았기에 나라가 멸망했다고 한다. 이렇게 보았을 때 미리 대비를 하는 것이 나라에 얼마나 중요한지 알 수 있다. 우리는 중국의 발전에 대비해야 하고, 미국과 일본의 움직임에도 주의를 기울여야 한다. 또한 북한의 움직임에도 주의를 기울여 통일 대한민국을 위한 초석 만들기에도 대비를 해야 할 것이다. 이는 국가 지도자의 일이니 나와 상관없다고 여겨서는 안 된다. 한 국가의 수준은 전체 국민들의 수준의 합이라고 생각한다. 민주적인 국가는 누구나 참여하여 한 국가를 만드는 것이다. 이를 잊지 말고 적극적으로 국가의 정치에 참여하여 훌륭한 나라를 만들기 위해 노력해야 할 것이다.

6. 사과- 사치와 허례 의식을 하지 말라

무릇 위의 다섯 가지(집, 옷, 음식, 배와 수레, 노비와 첩)는 성인이 검소하게 절약한 것으로 소인이나 방탕하게 구는 것이다. 근검절약하면 흥할 것이요 방탕하게 소비하면 망할 것이니 위 다섯 가지는 아끼지 않을 수 없다.

凡此五者. 聖人之所儉節也. 小人之所淫佚也. 儉節則昌. 淫佚則亡. 此五者. 不可不節.

❶

묵자는 절제의 중요성을 말한다. 의식주와 노비와 첩, 배와 수레(오늘날로 치자면 차와 같은 운송수단)에서 절제를 해야 한다는 것이다. 절제를 하면 성장하고 무절제하면 망하게 된다. 오늘날에도 마찬가지이다. 비싼 차를 사는데 돈을 아끼지 않다 보면 집안이 망할 수도 있고 알뜰살뜰 절약해 집안을 일으키는 사람도 있다.

옷도 명품으로 도배하다시피 하여 망하는 사람도 있고 중고 옷을 수선해 입으면서 알뜰하게 사는 사람도 있다. 모두 절약의 중요성을 말해주는 원리이다. 옛날이나 지금이나 절약만이 자신을 지켜주고 성장시킨다는 것은 동일한 것 같다.

❷

이와 같이 언제나 바르게 조세를 거두면 백성이 (재물을) 쓰게 되지만 병들지는 않는다. 백성이 고통스러워하는 바는 이런 것이 아니다. 사치를 부리고자 백성들에게서 거두기에 괴로운 것이다.

以其常正. 収其租税. 則民費而不病. 民所苦者非此也. 苦于厚作斂于百姓

✎ 지금이나 옛날이나 조세 기준이 있었던 모양이다. 과거에도 조세 제도에 의해 나라를 다스리면 문제가 없었다. 하지만 지금의 조세제도는 문제가 많다. 자꾸만 고갈되고 있는 연금이나, 지나친 지원금 주기 등은 인해 국가 재정이 위기를 가져온다. 이는 모조리 국민들의 세금으로 다 가올 것을 생각하면 두렵기까지 한다. 이를 알아 국가 지도자는 마땅히 국민들이 걱정하지 않도록 국가 재정을 잘 관리하고 세금을 잘 징수해야 할 것이다. 많은 평범한 서민들이 안심하고 살아갈 수 있는 국가가 될 때 우리나라의 행복지수가 올라가는 날이 올 것이다.

❸

궁궐과 집엔 전각이며 누대를 곧고 또 휘어지게 하여 보기 좋게 세우고 누각엔 푸르고 누런색을 칠하고 조각을 하여 장식한다. 궁궐과 집이 이와 같으니 좌우의 행태 또한 이런 모양이다. 그리하여 재물은 흉년과 기근을 대처하는데 부족하고 고아와 과부를 돌볼 수 없어 나라는 가난하고 백성은 다스리기 어렵다. 임금이 실로 천하를 다스리길 원한다면 궁궐과 집부터 절약하지 않을 수 없다.

以為宮室台榭曲直之望. 青黃刻鏤之飾. 為宮室苦此. 故左右皆法象之.

是以其財不足以待凶飢. 振孤寡. 故国貧而民難治也. 君実欲天下之治而
悪其亂也. 当為宮室不可不節.

✎ 예부터 낭비하는 것은 큰 죄였다. 궁실을 짓는 것도 백성의 고초를 모르고 화려하게 지은 군주들은 그 결말이 좋지 않았다. 낭비와 사치를 버텨내는 나라는 없다. 설령 부강하더라도 망하는 데는 수년이 걸리지 않는다. 그런 점에서 3대 가는 부자가 없다는 말도 있다. 이는 성취도 성취이지만 수성하는 데에는 더 힘이 든다는 말이다. 우리나라도 한때는 성공하여 축포를 터뜨렸지만, 1997년 아이엠에프, 2009년 금융위기라는 직격탄을 맞고서 국가 경제의 체력이 약해졌다. 예술을 위한 것, 창의성을 발휘하는 것도 중요하겠지만, 근본적으로 국가 지도자나 국민들이 절약하고 아껴 쓰는 습관을 지닌다면 그 나라는 더욱 강성해질 것으로 믿는다. 우리도 과거의 실패를 발판삼아 더 부강한 나라로 거듭났으면 한다.

❹

임금이 실로 천하를 다스려 환란이 없기를 바란다면 음식부터 절약하지 않을 수 없다.

君実欲天下治而悪其亂. 不可不節.

✎ 우리가 절약할 수 있는 분야 중 가장 기본적인 부분이 먹는 것이다. 외식을 좋아하는 사람도 있겠지만 근사한 식당만 찾아다니다가는 돈을

모을 수 없다. 재테크 서적에 기본적으로 나오는 것이 바로 집에서 음식을 만들어 먹으라는 것이다. 이는 돈을 절약할 수 있을 뿐만 아니라 건강함을 유지할 수 있는 비결이기도 하다. 이 사실을 잊지 말고 집에서 음식을 해먹는다면 돈도 절약하고 건강도 챙길 수 있는 좋은 습관이 될 것이다.

❺
 임금이 실로 천하를 다스려 환란이 없기를 바란다면 배와 수레부터 절약하지 않을 수 없다.

> 君実欲天下之治. 而悪其亂. 当為舟車. 不可不節.

 ✎ 수레는 오늘날로 치자면 차이다. 그 옛날에도 수레에 돈을 낭비하는 사람이 많았나 보다. 어쩜 오늘날의 현실과 똑같은지 놀랄 지경이다. 오늘날에도 우리나라 사람들 대다수가 중형차 이상을 타고 다닌다. 집도 없으면서 차는 중대형차를 타고 다니는 사람도 많다. 혹은 외제 차를 리스해서 끌고 다니는 사람들도 많은 상황이다. 이 같은 낭비는 개인적으로도 낭비이겠지만 국가적으로도 큰 손실이다. 차는 운송 수단일 뿐이다. 차의 본연의 기능에 맞추어 적절한 차를 타고 다니는 것부터 삶을 바꿔 보자. 또한 필요 없다면 차를 구입하지 않는 것도 바람직한 방향이다. 이는 꼭 돈을 절약해서가 아니라 필요 없는 낭비를 막는다는 측면에서 사회나 국가 그리고 자연보호에도 도움이 되는 선택이 될 것이다.

7. 삼변

❶

그러니 그 음악은 점점 번잡해졌지만 다스림은 오히려 점점 더 예전만 못하였다. 스스로 이를 보아 음악은 천하를 다스리는 데 소용이 없다 하는 것이다.

故其樂逾繁者. 其治逾寡. 自此觀之.

✎ 묵자의 사상 중 특별난 것은 음악을 부정했다는 것이다. 음악이라는 것은 국가에 필요가 적은 것으로 보았다. 케이팝이 세계를 흔들고 있는 오늘날의 우리나라의 상황과 비교하면 아이러니한 일이다. 하지만 묵자에게는 신념이 있었다. 그것은 음악이 국가에 크게 도움이 되지 않는다는 점을 알았다는 것이다. 불교에서도 소리에 빠지지 말라는 말이 있다. 이런 말에 근거해서 살펴보면 음악에 빠져 시간을 낭비하느니 더 생산적인 일을 하고자 했던 묵자의 사상이 아닌가 싶다. 혹은 음악을 금지할 만큼 가난했던 국가 살림을 걱정하는 묵자의 모습이 안타깝기까지 하다. 하지만 음악에 대한 선호는 개개인이 나르므로 묵사의 이 사상만큼은 개인별로 선택해 들어야 할 것 같다.

제2부
세상을 바꾸기 위한 열 가지 주장

제1권

1. 상현 상

❶

만약 나라에서 활을 잘 쏘는 인재를 늘리려면 반드시 부유하고 귀하게 만들고 존경하고 명예를 드높인 후에야 활 잘 쏘는 인재가 늘어날 것이다.

> 譬若欲衆其国之善射御之士者, 必将富之貴之, 敬之誉之,
> 然后国之善射御之士, 将可得而衆也.

🖉 어떤 효과를 보기 위해서는 유인가가 있어야 한다. 흔히 간단히 말해 보상이 있어야 한다는 것이다. 그 보상은 물질적인 것일 수도 있고 정신적인 칭찬이나 존경과 같은 것들이 있을 수도 있다. 묵자는 그런 보상을 통해 나라에 쓸모 있는 사람들이 많아지길 바랬던 것 같다. 우리나라에도 훌륭한 인물이 많아지기를 바란다면 그들이 훌륭한 무언가를 이루었을 때의 보상을 높여주어야 한다. 씨름판이 무너진 것은 왜인가? 씨름에 대한 상금과 같은 보상이 적어져서 아무도 씨름을 하려고 하지 않았기 때문이 아닌가? 씨름 선수가 격투기판으로 간 것은 보다 많은 보상을 주는 격투기 판에 마음이 쏠렸기 때문이다. 우리나라에서 인문학을 하는 사람이 적은 이유가 무엇인가? 경제적인 보상을 받지 못해서 그런 것이다. 우리나라의 우수한 사람들을 보상하려면 각 분야는 그들의 능력

에 맞는 보상을 해주어야 한다. 그래야 우리나라에 훌륭한 사람이 많아지고 그들이 많아지면 자연스레 나라는 발전하게 될 것이다.

❷

지금의 왕과 공, 대부들은 국가의 정치를 하면서 현명한 사람을 존중하지 않는다. 그리하여 나라에 현명한 선비가 무리 지어 있고 국가의 정치가 두터운데도 현명한 선비는 줄어들게 되는 것이다. 그러니 (결국엔) 국가의 정치도 얕아지게 된다. 따라서 대부의 할 일은 현명한 이들이 많아지게 하는 것이다.

> 子墨子言曰. 是在王公大人. 爲政于國家者. 不能以尙賢事能爲政也.
> 是故國有賢良之士衆. 則國家之治厚. 賢良之士寡. 則國家之治薄.
> 故大人之務. 將在于衆賢而已.

✎ 나라에 현명한 사람들이 많이 임용되면 자연스럽게 좋은 정치가 이루어지고 나라가 발전하게 된다. 학교에서 선생님을 잘 만나면 학교생활이 더 나아지듯이, 국가를 경영하는 정치인 선택이야 말할 것이 있을까? 하지만 나라 안에 무능한 사람과 몸보신하려는 사람들로 가득찰 때 그 정치는 무능력한 것이 되고 그 나라는 쇠퇴를 맞게 될 것이다. 우리는 이런 현상을 피하기 위해 공직자 사회에도 경쟁의 요소를 조금은 도입할 필요가 있다고 본다. 이는 치열한 기업 세계에서는 늘 있어 온 일이지만, 공직자 사회는 다른 사회보다 폐쇄적이었던 게 현실이다. 자본주의 사회에서 살아남기 위해서는 경제 논리에 따를 수밖에 없다고 본다. 그러므

로 공직자 사회에도 변화가 있어야 한다.

2. 상현 중- 현명한 사람을 숭상하라

❶

옛날 훌륭한 임금들은 현명한 사람을 존중했고 능력에 따라 등용했는데, 부모 형제라 해도 감싸주지 않았고 부귀한 사람이라고 우대하지 않았으며, 아첨하는 사람을 쓸데없이 편애하지도 않았다. 어떤 사람이 현명하다면 가리지 않고 등용하여 높은 벼슬을 주고 녹봉을 후하게 주어 부유하게 해주고 높은 지위를 주어 귀하게 해주었으며, 관청의 우두머리로 삼았다.

甚尊尚賢. 而任使能. 不党父兄. 不偏貴富. 不嬖顔色. 賢者挙而上之. 富而貴之. 以為官長.

✎ 현명한 사람을 숭상하면 그들이 정치를 잘하게 되고 나라가 부유하고 풍족하고 백성들의 삶이 행복하다는 게 묵자의 주장이었다. 여기서는 인재 제일의 정신을 볼 수 있는데 아첨하는 자나 무능한 자를 밀리하라는 가르침을 주었다. 지금 현실은 어떠한가? 진정 현명한 사람들이 국가의 리더로서 활동하고 있는가? 아니면 특정세력에 붙어서 기생하는 사람들이 많이 있는가? 먼 묵자의 시대부터 이게 고민이었나 보다. 그때도 아첨하고 권력에 붙어사는 사람들이 많았던 것이다. 그렇지 않았다면 묵자는 이런 내용을 글로 남기지도 않았을 것이다.

바른 정치의 길은 요원하기만 하다. 지금에도 여전한 정치계의 갈등은 많이 있다. 사람들은 새 정치를 부르짖지만 똑같은 실수를 저지르는 정치인에 환멸을 느끼기도 한다. 우리나라에도 바른 정치인들이 늘어나서 현명한 이를 숭상해 백성들의 삶을 행복하게 만드는 국가가 되었으면 한다.

❷

이르기를 스스로 귀하고 지혜를 갖춘 자가 어리석고 천한 자를 상대로 정치하는 것을 다스린다고 하고, 스스로 어리석고 천한 자가 귀하고 지혜를 갖춘 자를 상대로 정치하는 것을 어지럽다고 한다.

> 曰自貴且智者爲政乎愚且賤者則治. 自愚賤者爲政乎貴且智者則亂.

✎ 누가 국가의 지도자가 될 것인가를 놓고는 옛날부터 많은 논의가 있어 왔다. 플라톤은 철학자가 국가의 지도자가 되어야 한다고 보았다. 그는 소크라테스의 죽음 이후 민주주의를 믿지 않고 귀족제도를 옹호했다. 다수가 무지한 경우 나라가 잘못된 방향으로 흘러갈 수도 있음을 뼈저리게 느낀 셈이다. 동양에서도 국가의 지도자는 뛰어난 사람이 해야 한다고 했다. 오늘날에도 시험을 치러 우수한 사람이 국가의 일을 하게 되듯이 옛날에도 생각이 짧거나 낮은 사람이 나라를 지도하기보다 뛰어나고 우수한 사람이 나라의 일을 맡아서 했다. 뛰어난 사람이 국가의 경영을 맡게 되면 그 사람 본인뿐만 아니라 나라 전체에 큰 이익이 되기 때문에 모두가 행복하게 잘 살아갈 수 있다. 이 사실을 안다면 우리는 고귀하고 지혜로운 사람들이 국가의 지도자가 될 수 있도록 길을 활짝 열어 두어야 할 것이다.

3. 상현 하

❶

 나라 안의 선한 행동을 하는 사람들을 권면하고 포악한 짓을 하는 사람들을 제지하면서 크게는 이것으로 천하를 다스려 천하의 선한 행동을 하는 사람들을 권면하고 포악한 짓을 하는 사람들을 제지한다.

<u>使国為善者勸. 為暴者沮. 大以為政于天下. 使天下之為善者勸.
為暴者沮.</u>

 🖊 묵자의 말은 착한 사람에게 상을 주고 나쁜 사람에게 벌을 주자는 말이다. 이미 오래전 묵자의 시대부터 묵자는 어떻게 사회를 다스려야 하는지 알고 있었다. 오늘날에도 착한 사람에게는 상을 주어야 한다. 인터넷의 발달로 좋은 일을 한 사람에게 혜택을 주는 일이 발전했으면 한다. 반대로 나쁜 행동을 한 사람들을 법으로 강력히 제재했으면 한다. 오늘날은 너무나 칭찬에 인색하고 나쁜 행동을 하는 자가 법망을 몰래 빠져나가는 경우도 많다. 칭찬은 과하게 그리고 나쁜 짓은 강력한 법으로 그것을 막았으면 한다. 그래야 사회가 올바르게 발전할 수 있을 것 같다. 묵자 역시 그것을 바랬을 것이다. 오늘날은 sns의 발달로 개인정보가 더 쉽게 퍼져 나가는 시대이다. 이런 때일수록 개인은 행동을 조심하고 착한 일을 많이 하고 나쁜 짓은 적게 하는 마음가짐을 가졌으면 한다.

❷

　현명한 사람이 되는 도리는 어떠한 것인가? 역량이 있는 사람은 재빨리 남을 돕고 재물이 있는 사람은 힘써 그것을 남에게 나눠 주고 높은 도덕성이 있는 사람은 힘써 남을 가르치면 된다. 이와 같이 되면 굶주린 자들은 먹을 것을 얻을 수 있고, 추운 자들은 옷을 얻을 수 있으며, 어지러운 것들은 다스려질 수 있다. 만약 굶주린 자들이 먹을 것을 얻을 수 있고, 추운 자들이 옷을 얻을 수 있으며, 어지러운 것들이 다스려질 수 있다면 이는 곧 천하의 사람들이 생계를 유지할 수 있게 되는 것이다.

曰. 有力者疾以助人. 有財者勉以分人. 有道者勸以教人. 若此則飢者得食. 寒者得衣亂者得治. 若. 飢則得食. 寒則得衣. 亂則得治. 此安生生.

　✐ 현명한 사람이 되는 도리는 남을 돕는 것이라고 한다. 흔히 남을 돕는다는 것을 손해 본다고 생각할지 모르지만, 옛 지혜는 남을 돕는 것이 현명하다고 보았다. 성공한 사람은 남을 돕는 사람이라는 말이 있다. 그것은 남을 얼마나 도왔느냐에 따라 자신의 가치가 결정되기 때문이다. 묵자는 백성들의 의식주 문제에 깊은 관심을 가졌는데 이렇게 남을 돕는 현명한 사람이 많아질 때 백성들이 굶주림이나 의복의 부족 없이 편안히 살 수 있다고 보았던 것이다. 지금은 풍족한 시대이지만 아직도 결핍된 지역이나 사람들은 존재한다. 우리가 남을 돕는 마음을 가질 때 이런 결핍함은 보충되어 치유될 수 있고 더 많은 사람이 행복하게 되어 국가적으로도 행복한 국가가 될 수 있을 것이다.

제2권

1. 상동 상

❶

훌륭한 도를 숨긴 채 서로 가르쳐 주지 않는 지경에 이르게 되어 천하의 혼란은 마치 금수와 같았다. 천하가 혼란해지는 까닭을 밝혀 보면 통치자가 없기 때문이다.

> 隱匿良道. 不以相敎. 天下之亂. 若禽獸然. 夫明乎天下之所以亂者.
> 生于無政長.

✎ 흔히 무능하고 부패한 정권에 대한 비판이 많다. 어떨 때는 무능하다 비판하고 어떨 때는 부패하다고 비판들을 한다. 하지만 진정한 위험의 상태는 무정부 상태라는 것을 알고 있는가? 사람들이 통치자 없는 무정부 상태일 때 인간은 만인에 대한 만인의 투쟁 상황이 발생하면서 매우 혼란스러워진다. 그것을 막아주는 것이 정부이다. 우리는 되도록 좋은 정권을 만들도록 노력해야 한다. 특히나 혼란스러운 무정부 상태는 막아야 할 가장 우선 되는 것이다. 우리는 조금 열린 시각으로 정부를 너무 부정적으로 바라보지 말고 반드시 누군가가 해야 할 소중한 역할이라고 생각하고 열리고 좋은 사람을 통치자로 삼아야 할 것이다.

❷

고을이 다스려지는 까닭이 무엇인지 살펴보면 향장이 오로지 고을의 의견을 통일할 수 있기 때문에 고을이 다스려지는 것이다. 향장은 고을에서 가장 어진 사람이다.

是以鄕治也. 鄕長者. 鄕之仁人也. 鄕長發政鄕之百姓.

✎ 고을이 다스려지는 까닭은 향장이 어진 사람이기 때문이다. 이처럼 국가에 지도자가 얼마나 중요한지 알 수 있다. 옳고 능력이 뛰어난 지도자 밑에서는 백성이 편히 살아가고 포악하고 무능력한 지도자 밑에서는 백성이 혼란에 빠져 고통스러워진다.

❸

천하가 다스려지는 까닭은 무엇인지 살펴보면 천자가 오로지 천하의 도리를 통일할 수 있기 때문에 천하가 다스려지는 것이다.

察天下之所以治者何也. 天子唯能壹同天下之義. 是以天下治也.

✎ 천하가 다스려지는 것은 통일되었기 때문이라고 한다. 중국의 삼국지가 유명한 까닭은 통일된 한 나라를 만들기 위한 영웅들의 이야기이기 때문이다. 나라가 분열되어 있으면 혼란스럽고 백성들의 삶도 고통에 빠진다. 하지만 통일된 국가가 되면 이런 혼란에서 벗어나 백성들이 편히 살 수 있다. 일본 역시 혼란스러운 시대가 있었으나, 도쿠가와 이에야스

에 의해 통일되면서 편안한 시대를 맞이했다. 우리나라도 삼국시대의 혼란을 거쳐 신라가 통일을 이루면서 나라가 발전하게 되었다. 중국은 진시황에 의해 통일되면서 위대한 국가의 기틀을 마련하였다. 이처럼 혼란스러움을 벗어나 통일된다는 것은 중요한 일이다. 우리나라는 지금 갈라져 있는 불행한 상태이다. 국가 발전을 이룩했으나 절반의 성공이라고 볼 수 있다. 하지만 언젠가 나라가 합쳐지는 날 우리나라는 더욱 강대한 국가로 도약하게 될 것이다.

2. 상동 중- 천하의 의견을 통일해야 한다

❶

묵자께서 말씀하셨다. "지금 천하의 왕공 대인과 관리들이 진실로 그들의 국가를 부유하게 하고 그들의 백성들을 많게 하며, 그들의 형법과 정령을 올바르게 다스리고 그들이 사직을 안정되게 하기를 원한다면 마땅히 의견 통일을 숭상해야 한다는 견해를 살피지 않을 수 없을 것이다. 이것이 정치의 근본이다."

> 是故子墨子言曰. 古者聖王爲五刑. 請以治其民. 譬若絲縷之有紀.
> 罔罟之有綱. 所連收天下之百姓. 不尙同其上者也.

 천자가 천하를 다스릴 수 있는 까닭은 오로지 천자가 의견을 통일시킬 수 있기 때문이라고 한다. 왕공 대인과 관리들 역시 마찬가지이다. 의견을 통일할 수 있기에 천하가 다스려진다. 그래서 묵자는 의견 통일을 숭상하라고 말한다.

오늘날의 정치를 돌아보면 혼란스럽다. 철저히 파벌로 갈라서 서로 간의 흑색선전과 비방을 멈추지 않는다. 그들은 흡사 서로 싸우기 위해 태어난 것처럼 서로를 못 잡아먹어 안달이다. 하지만 의견 통일을 할 줄 안다면 그 사람이야말로 정치를 잘하는 사람일 것이다. 부디 정치인들은 묵자에게서 정치의 해법을 배워 현실에 적용하길 바란다.

3. 상동 하

❶
선한 사람을 파악하여 그에게 상을 주고 포악한 사람을 파악하여 그에게 벌을 준다. 선한 사람이 상을 받고 포악한 사람이 벌을 받게 된다면 나라는 반드시 다스려질 것이다.

> 則得善人而賞之. 得暴人而罰之也. 善人賞而暴人罰. 則国必治.

 앞서 말한 바와 같이 상벌제는 나라를 다스리는 근본이 된다. 악한 자를 벌하고 착한 자를 상을 주는 것은 나라에 질서를 유지하게 하여 나라를 다스리는 데 큰 힘이 된다. 상벌까지는 아니더라도 잘한 사람에게는 칭찬을, 못한 사람에게는 꾸중하는 것 역시 상벌제의 기초적인 부분이라고 생각한다. 먼 옛날의 묵자 역시 나라 다스리는 근본을 알고 있었던 것 같다. 이를 위해서는 나라 안 백성을 삶을 자세히 살펴 착한 이를 잘 발굴하고 악한 자를 놓치지 말아야 할 것이다. 이를 위해서는 선한 자를 칭찬하는 문화 악한 자를 벌하는 제도가 확립되어 있어야 할 것이다.

❷

묵자께서 말씀하셨다. "백성들에게 의견 통일을 숭상하도록 하려는 자가 백성들을 사랑하는 데 힘쓰지 않으면 백성들을 부릴 수 없다. 반드시 힘써 백성들을 사랑해야만 비로소 그들을 부릴 수 있고 그들에게 믿음을 나타내어야만 비로소 그들을 도울 수 있으며, 부귀로써 그들을 앞에서 인도하고 정확한 벌로 뒤에서 이끌어 주어야 한다고 하였다. 이와 같이 정치를 한다면 비록 나와 의견이 같지 않기를 바란다 하더라도 그렇게 될 수 없을 것이다."

是故子墨子曰. 凡使民尚同者. 愛民不疾. 民無可使. 曰. 必疾愛而使之. 致信而持之. 富貴以道其前. 明罰以率其后. 為政若此. 唯欲毋与我同. 将不可得也.

✎ 묵자는 백성들을 사랑하면 백성들을 부릴 수 있다고 하였다. 하지만 지금 시대까지 백성들을 사랑하는 관리나 지도자는 몇 명이나 있었을까? 역사가 기록하는 몇 명의 위인들을 제외하고는 그저 자신의 이익이나 자리보존을 위해 일했던 사람들이 대부분이다. 지금 와서도 이런 사람들이 많은 것이 현실이다. 국가의 봉사직이라는 공무원을 지금의 사람들은 직업의 안정성만을 보고 간다. 그러니 자기 임무에 충실할 수 없

고 백성들을 사랑하는 마음이 없기에 더 정치가 바로 이루어지지 않는 것이다. 예부터 이런 문제가 있음을 알고 묵자의 가르침을 이 시대에 다시금 되새긴다면 백성들을 사랑하는 정치인들이 나타나 국가의 발전을 위해 도울 수 있을 것이다.

❸

지금 천하의 왕공 대인들과 관리들이 성심으로 인의를 실천하기를 바란다면 훌륭한 선비를 구하여 위로는 성군의 도에 부합되도록 해야 하며 아래로는 국가와 백성의 이익에 부합하도록 해야 한다. 그러므로 의견 통일을 숭상하는 것, 즉 상동의 학설에 대해 잘 살피지 않을 수 없으니 그것은 정치의 근본이자 다스림의 요령인 것이다.

今天下王公大人士君子. 中情將欲爲仁義. 求爲上士. 上欲中聖王之道.
下欲中國家百姓之利. 故當尙同之說. 而不可不察.
尙同爲政之本而治要也.

✐ 묵자는 의견 통일을 정치의 근본이자 다스림의 요령이라고 보았다. 지금도 의견 충돌로 국회에서는 혼선이 있다. 서로 간의 의견 차로 치열하게 대립되기도 한다. 그런데 더 문제인 것은 의견 차이뿐만 아니라 서로의 잘못을 지적하는 네거티브 전략으로 서로 다투는 경우가 더 많다는 것이다. 건전한 의견 대립도 안 되건만, 서로를 비방하는 전략은 있어서는 안 될 것이다. 서로 간의 의견을 좁히고 서로 간의 의견을 통일할 때 더욱 바른 정치가 이루어질 것이다.

제3권

1. 겸애 상

❶

　만약 천하의 사람들로 하여금 두루 서로 사랑하게 한다면 나라와 나라는 서로 공격하지 않고 봉읍과 봉읍은 서로 혼란되지 않으며 도둑은 없어질 것이고, 임금 신하, 아버지, 자식은 모두 효순하고 자애로울 수 있을 것이다. 이와 같이 된다면 천하는 다스려질 것이다.

> 若使天下兼相愛. 国与国不相攻. 家与家不相亂. 盜賊無有.
> 君臣父子. 皆能孝慈. 若此則天下治.

　✎ 묵자의 대표적인 사상은 겸애설이다. 겸애설은 서로 사랑하라는 주장이다. 사람들이 서로 사랑할 때 싸움과 다툼은 일어나지 않고 나라가 평화롭고 자애롭게 다스려질 수 있을 것이라는 것이 그것이다. 예수가 서로 사랑하라고 말한 것처럼 동양에도 이런 사랑을 말한 철학자가 있었다는 게 신기하다. 서로 지역은 달라도 진리는 하나라는 것을 느끼게 하다. 서로 사랑할 때 우리는 더 행복해질 수 있고 나라도 더욱 발전하게 될 것이다. 하지만 요즘은 사람들이 서로 사랑하는가? 서로 편을 갈라 다투기를 더 많이 하는 것 같다. 먼 묵자의 시대에도 이런 다툼이 많았던 것 같다. 서로 사랑하라는 주장은 과거에나 지금에나 통용되는 사상

이라는 것이다. 부디 이 시대의 사람들도 겸애하는 마음으로 서로 사랑하여 서로 화목했으면 한다.

2. 겸애 중

❶

그러므로 묵자께서 말씀하셨다.
적게 먹고 나쁜 옷을 입고
자신을 죽여 명성을 구하는데
이는 천하의 백성들이 모두 어렵게
생각하는 것이다.
만약 군주가 그것을 좋아한다면 신하들은 그것을 할 수 있다.

是故子墨子言曰. 乃若夫少食惡衣. 殺身而爲名. 此天下百姓之所皆難也. 若苟君說之. 則衆能爲之.

 군주는 백성들과 신하의 모범이 되어야 한다. 묵자는 말한다. 적게 먹고 나쁜 옷을 입고 자신을 죽여 명성을 구하라고 말이다. 군주가 그것을 좋아할 때 신하들도 그렇게 된다는 것이다. 적게 먹고 나쁜 옷을 입는 것은 모두가 싫어할 것이다. 하지만 군주가 먼저 그것을 할 때의 파워는 상당할 것이다. 군주가 먼저 실천할 때 그 아랫사람들도 실천하게 될 것이다. 자신을 내던져 명예를 구하는 것도 마찬가지이다. 자기 의를 버리고 나아갈 때 명성을 얻게 되고 그로 인한 명성은 오래가기 마련이다. 세상에는 자신을 버려가며 명성을 구하는 자는 적다. 하지만 이를 군주가 먼저 할 때 신하들도 그 군주를 따를 것이고, 백성들도 행복해질 것이다.

❷

남을 사랑하게 되면 남도 반드시 따라서 그를 사랑하게 되고, 남을 이롭게 하면 남도 반드시 따라서 그를 이롭게 하며 남을 미워하게 되면 남도 반드시 따라서 그를 미워하게 되고, 남을 해치게 되면 남도 반드시 따라서 그를 해치게 된다. 이것에 무슨 어려움이 있겠는가?

> 夫愛人者. 人亦從而愛之. 利人者. 人亦從而利之. 惡人者. 人亦從而惡之. 害人者. 人亦從而害之. 此何難之有焉.

✎ 내가 한 행동은 그대로 상대방에게 돌려받게 된다. 이것은 메아리와 같다. 내가 "사랑해."라고 말하면 "사랑해."라는 소리가 되돌아온다. 내가 "미워."라고 말하면 "미워."라는 소리가 되돌아온다. 그러므로 우리는 먼저 남을 이롭게 하고 사랑해야 한다. 그러면 우리는 그 헤아림을 받아 사랑받고 이로움도 얻을 수 있을 것이다. 남을 돕는 것은 손해 보는 것 같지만, 오히려 더 잘되는 것은 도와주는 사람이다. 봉사활동은 시간 낭비인 것 같지만, 봉사하는 사람이 더 행복해진다. 우리는 이 같은 사실을 알고 두루 서로 사랑하고 서로 이롭게 하라는 묵자의 가르침을 따라보자.

3. 겸애 하

남을 사랑하는 사람은 반드시 사랑을 받게 되며
남을 미워하는 사람은 반드시 미움을 받게 됨을 말하는 것이다.

即此言愛人者必見愛也. 而惡人者必見惡也.

❶
　세상 사람들로부터 사랑을 받으려면 어떻게 해야 할까? 답은 간단하다. 내가 먼저 그들을 사랑하면 된다. 그러면 그 사람도 나를 사랑하게 될 것이다. 묵자의 답은 간단하다. 또한, 세상 사람으로부터 미움을 받게 되는 경우는 어떨까? 남을 미워하는 사람은 남에게 미움을 받게 되어 있다. 이는 자연스러운 이치이다. 그러므로 묵자는 남을 사랑하고 미워하지 말라고 한 것이다. 이는 앞서 말한 겸애의 정신, 즉 서로 사랑하라는 가르침과 일맥상통한 말이다. 우리는 서로 사랑받기 위해 서로를 사랑해야 한다. 그러면 자연스레 미움은 사라지고 서로 간의 사랑만 남아 인생을 행복하게 살 수 있을 것이다.

❷
　두루 서로 사랑하는 것으로 차별하여 서로 미워하는 것을 대신해야 한다.

兼以易別

📝 묵자의 가르침은 겸애설이라고 불리우기도 한다. 차별하지 말고 서로 두루 사랑하라는 것이다. 이는 천하 통일을 이루려고 했던 많은 군주와 철학자와는 다른 의견이었다. 묵자는 남의 나라도 내 나라처럼 사랑하라고 했다. 그래서 강국이 약국을 침략하는 것을 허용하지 않았다. 이는 현실적이지는 않았지만 묵자의 사랑이 깃든 사상이다. 당시에는 많은 나라들이 서로 싸우며 다투었기 때문이다. 그리고 침략이 자신의 국가에 이익이 된다고 여겼다. 하지만 남의 나라의 고통마저 자신의 고통으로 여겼던 묵자에게 그것이 행복이 될 수 없었음은 분명하다. 그리고 겸애야말로 천하의 이익을 얻는 것이라고 묵자는 생각했다.

❸
천하의 사람들이 모두 두루 서로 사랑하는 것에 대한 말을 듣고 그것을 비난하는데 그 까닭이 무엇인지 모르겠다.

> 不識天下之士. 所以皆聞兼而非之者. 其故何也.

📝 천하의 사람들은 두루 사랑하는 것이 어질고 의롭다는 것을 안다. 하지만 이는 실행할 수 없다고 생각했다. 마치 태산을 들고 장강이나 황하를 건너는 것 같다고 본 것이다. 이에 묵자는 옛날 성인인 임금이 이미 실천하였다고 말하면서 불가능한 것이 아니라고 말한다. 두루 사랑하는 것은 남의 부모를 사랑하는 것도 포함되는데 사람들은 그러면 자신의 부모를 덜 사랑하는 게 아니냐고 생각했지만, 묵자는 다른 부모도 사랑하는 것이 자신의 부모도 사랑하는 길이라고 주장하였다. 이처럼 차별 없

이 두루 사랑하는 것은 묵자의 핵심 철학이다. 그래서 묵자라고 하면 겸애설이라는 단어를 떠올리는 사람이 많다. 그것은 묵자만의 고유한 특징이기 때문이다.

제4권

1. 비공 상

지금 가장 큰 불의인 남의 나라를 공격하는 것은
비난할 줄 모르고 오히려
그것을 좇아 칭찬하면서 의롭다고 말한다.
이것은 의로움과 불의를 분별할 줄 안다고 말할 수 있겠는가?

今至大爲攻国. 則弗知非. 従而誉之. 謂之義. 此可謂知義与不義之別乎.

✐ 묵자의 시대에는 남의 나라를 공격하는 것을 칭찬하는 말이 있었나 보다. 이것은 그 당시의 상황이나 배경을 잘 알아야 하는 것이다. 미국이 아프가니스탄이나 이라크를 공격하는 것도 미국 내 특정 부류들은 그것을 칭찬했다. 어떤 상황에 따른 것인지 살펴보면 비난과 칭찬이 엇갈리게 된다. 묵자는 당연히 전쟁에 반대하는 입장이었다. 그래서 남의 나라를 공격하는 것을 칭찬하는 것을 비판했던 것이다. 하지만 남의 나라가 우리나라를 공격한다면 그 나라를 역습하는 것을 비난할 수 있을까? 우리는 북한과의 대립 속에서 그 방향을 잘 살펴보아야 한다. 북한이 계속 핵무기로 협박하는 상황 속에서 그들의 말에 맞추어주어야 할까? 물론 전쟁은 절대 안 되며 평화로운 분위가 중요하겠지만, 때론 강경하게 나가는 것도 하나의 대책이 될 수 있다. 옛날의 묵자가 오늘 우리나라로 돌아

와 이 시대를 살펴보면 어떤 말을 할지 궁금해진다.

2. 비공 중

지금 군대를 출정시키려는데

겨울에 행하면 추위가 두렵고

여름에 행하면 더위가 두렵다.

이것이 겨울과 여름에 출정시킬 수 없는 이유이다.

봄에 출정시키면 백성들이 경작하고

재배하는 농사일을 망치게 되고

가을에 출정시키면 백성들의 추수를 망치게 된다.

지금 한철만 망쳐도

백성들이 굶주리고 헐벗어 얼거나 굶어 죽는 자가

얼마나 많을지 이루 다 셀 수가 없을 것이다.

今師徒唯毋興起. 冬行恐寒. 夏行恐暑. 此不以冬夏爲者也. 春則廢民耕稼樹芸. 秋則廢民穫斂. 今唯毋廢一時. 則百姓飢寒凍餒而死者. 不可勝數.

✎ 묵자는 전쟁에 단호히 반대했다. 예나 지금이나 전쟁으로 인해 국민들이 받는 피해는 이루 말할 수 없다. 전쟁이 일어나면 백성들은 끌려 나가야 했고 그것은 한 가정의 파탄을 뜻하는 것이다. 전쟁으로 인한 일

반 백성들의 고통은 얼마나 끔찍했을까? 지금의 전쟁도 지역이 파괴되고 가정의 파괴되는 등 많은 부작용을 낳는다. 지배자 위치에서는 전쟁에서 이겨서 나라를 확장하는 게 기쁨일 수도 있겠지만, 정작 전쟁을 치러야 하는 백성들은 고통에 시달렸을 것이다. 이런 백성들의 고통을 알았기에 묵자는 전쟁에 반대했던 것이다.

3. 비공 하

지금 천하의 왕공 대인들과 관리들이 충심으로 천하의 이익을 일으키고 천하의 해를 제거하려고 하면서 빈번하게 전쟁을 한다면 이것은 실로 천하의 큰 해이다. 지금 인의를 행하고 도덕적으로 훌륭한 사람을 구하여 위로는 성군의 도에 부합하기를 원하며 아래로는 국가 백성들의 이익에 부합하도록 원한다. 그래서 마땅히 이러한 비공의 주장을 자세히 살피지 아니할 수 없다.

今且天下之王公大人士君子. 中情將欲求興天下之利. 除天下之害. 当若繁爲攻伐. 此実天下之巨害也. 今欲爲仁義. 求爲上士. 尚欲中聖王之道. 下欲中国家百姓之利. 故当若非攻之爲説. 而将不可不察者此也.

✎ 묵자가 살았던 시기는 공자와 맹자 사이의 시기였다. 그때의 중국은 여러 나라로 나뉘어 있었고 큰 나라와 작은 나라가 있었다. 하지만 각 나라들은 다른 나라를 공격하기를 좋아했는데 땅과 이익을 얻을 수 있다

는 것이었다. 하지만 묵자는 반대했는데 전쟁의 피해가 더 크다는 논리적인 이유가 있었다. 전쟁은 삶의 근본을 해치며 백성들의 재물을 소모하는 것이 헤아릴 수 없이 많으니 이것은 위로나 아래로나 사람의 이익에 부합되지 않는다고 본 것이다. 또한 전쟁은 그 국가의 근본을 잃게 하고 백성들은 본업을 잃어버리는 일이니 정말 비극이 아닐 수 없다. 지금 현재 세계도 여러 나라로 나뉘어 있고 전쟁이 끝나지 않고 계속 일어나고 있는데 묵자 시대의 비극이 지금도 이어지고 있는 것 같다. 현대의 우리들은 묵자 철학에서 나온 비공의 지혜를 배워 전쟁하지 않는 국가가 되기 위해서 노력해야 할 것이다. 우리는 먼 묵자 시대의 지혜를 활용할 필요가 있는 것이다.

제5권

1. 절용 상

　성인이 한 나라를 다스리게 되면 그 나라는 이익을 배로 늘릴 수 있다. 그것을 확대하여 천하를 다스리게 되면 천하는 이익을 배로 늘릴 수 있다. 그가 이익을 배로 늘릴 수 있는 것은 바깥으로부터 땅을 빼앗는 것에 의지하는 것이 아니라, 그 국가가 쓸데없는 비용을 없앴기 때문에 배로 늘릴 수 있었던 것이다.

> 聖人爲政一國. 一國可倍也. 大之爲政天下. 天下可倍也.
> 其倍之非外取地也. 因其國家去其無用之費. 足以倍之.

　✐ 묵자는 공자와 마찬가지로 성인이 나라를 다스려야 한다고 생각했다. 성인이 나라를 다스릴 때 나라의 이익이 배가 된다고 주장했다. 이는 성인이 물자를 낭비하지 않기 때문이다. 재물 사용의 낭비가 없으면 백성들의 수고로움이 없으며 이에 따라 나라의 이익도 많아지게 되는 것이다.

　또한, 묵자는 특이하게도 나라의 인구를 늘리는 법을 말하였는데, 법령을 만들어 특정 나이 이상이 되면 장가와 시집을 가게 하였다. 이는 인구 감소와 출산율 저하로 골치인 우리나라에서 관심을 가져 볼 만한 이야기이다. 우리는 과거와 같이 법령으로 결혼하게 지정할 수는 없겠지만, 묵자의 생각처럼 결혼하고 출산할 수 있는 장려책을 마련할 때 인구 감소를 줄이고 인구를 늘릴 수 있겠다. 묵자는 인구 감소의 원인으로 세금을 많이 거두는 것과 백성들을 수고롭게 하고 강제 징병을 원인으로 삼았다. 또한, 거처의 불안을 원인으로 삼았다. 이는 집값 폭등으로 내 집 마련에 성공하지 못한 우리나라의 젊은이들의 상황과 흡사하지 않은가? 이 시대에도 성인과 같은 사람이 지도자가 되어 인구 문제와 출산율 저하의 문제를 해결하는 현명한 해결책이 나왔으면 한다.

2. 절용 중

옛날 현명한 왕이나 성인들이 천하의 왕 노릇을 하고 제후의 우두머리가 될 수 있었던 까닭은 백성들을 사랑하는 데 성의껏 하고 마음을 다했으며, 백성들을 이롭게 하는 데 성의껏 하고 관대하게 했기 때문이다. 그들의 충성스러움과 신실함이 서로 합해져 또 백성들에게 이익을 보게 하였다. 이 때문에 백성들은 그들을 싫어하지 않고 죽을 때까지 그들에게 싫증 내지 않는다.

子墨子言曰. 古者明王聖人. 所以王天下. 正諸侯者. 彼其愛民謹忠.
利民謹厚. 忠信相連. 又示之以利. 是以終身不厭. 殁世而不卷.

✎ 훌륭한 왕이나 성인들은 백성을 위해서 일한다. 묵자 시대에도 그런 왕이나 성인이 있었다. 그들은 기물을 만드는 법령, 음식을 만드는 법령, 의복을 만드는 법령, 장례를 절제하는 법령을 만들어 백성들의 삶을 윤

택하게 하였다. 그런데 오늘날에는 어떤가? 법치국가라고는 하지만 법이 제대로 지켜지는가? 과연 그 법들이 일반 시민들의 행복을 위해 움직이고 있는가? 묵자 시대에도 제대로 되었던 것이 오늘 21세기 현대라고 부르는 사회 속에서 행복을 찾을 수 있는가? 이는 우리나라의 지도층들이 반성해야 할 일이다. 지도층들이 자신의 이익을 위해서만 법을 이용하지 않고 진정으로 국민들의 삶을 윤택하게 만들기 위해 애쓸 때 우리나라도 발전을 이룰 것이다. 이는 다른 사람이 아닌 묵자에게 물어보아야 할 일이다. 묵자는 그 옛날부터 백성이 어떻게 하면 행복할 수 있을까를 고민했다. 과거나 지금이나 나라를 움직이는 요소는 비슷한 것 같다. 이를 참고해 현대의 지혜로 삼아야 할 일이다.

3. 절장 하

묵자께서 말씀하셨다.

"어진 사람이 천하를 위해 고려하는 것을 비유로 들면 효자가 부모를 위해 고려하는 것과 다를 바 없다. 지금 효자들이 부모를 위해 고려하는 것은 어떠한가?"

대답은 이러했다.

"부모님이 가난하면 그들을 부유하게 해드릴 방법을 강구할 것이고, 사람이 적으면 사람을 많게 할 방법을 강구할 것이며, 많은 사람들이 어지러워지면 그들을 다스릴 방법을 강구할 것이다. 그들은 이러한 일을 함에 있어서 또한 힘이 부족하고 재산이 넉넉지 않고 지혜로움이 부족한 뒤에야 그만둔다. 감히 전력을 다하지 않으며 지모를 숨기고 재물을 남기고서 그들의 부모를 위해 일을 처리하지는 않는다. 이 세 가지 일은 효자들이 부모를 위해 고려하는 것으로 모두 이와 같이 하였다. 어진 사람들이 천하를 위해 고려하는 것도 역시 이와 같다."

子墨子言曰. 仁者之爲天下度也. 闢之. 無以異乎孝子之爲親度也. 今孝子之爲親度也. 將奈何哉. 曰親. 貧則從事乎富之. 人民寡則從事乎衆之. 衆亂則從事乎治之. 當其于此也. 亦有力不足. 財不贍. 智不智. 然後已矣. 無敢舍餘力. 隱謀遺利. 而不爲親爲之者矣. 若三務者. 孝子之爲親度也. 旣若此矣. 雖仁者之爲天下度. 亦猶此也.

✎ 묵자는 효자가 부모를 위해 고려하는 것을 비유로 들어 어진 사람이 천하를 위해 고려하는 것을 말했다. 천하가 가난하면 천하를 부유하게 하고 사람이 적으면 사람을 많게 하는 데 종사하고 많은 사람이 어지러워지면 그들을 다스리는 데 종사할 것이라는 것이다. 또한, 힘이 부족하고 재산이 넉넉지 않고 지혜로움이 부족한 뒤에야 그만둔다는 것이다.

이를 보면 예부터 천하의 지도자들은 그들의 백성들을 행복하기 위해 갖은 노력을 다했다는 것을 알 수 있다. 그런데 지금은 어떤가? 시대가 많이 흘렀음에도 자신의 이득이나 이로움을 위해서 백성들을 능멸하는 지도자들이 많지 않은가? 시간은 많이 흘렀지만 세상 사는 변함이 없고, 지도자들의 도덕성도 여전히 문제가 있는 것 같다. 묵자 시대에도 잘 다스려졌던 나라들이 최첨단 21세기라고 불리는 지금에 왜 문제가 생긴

걸까? 우리는 고전을 읽음으로써 이런 문제에 대응하는 법을 배우고 진정 행복한 나라를 만들기 위해서 노력해야 할 것이다. 옛부터 성군들은 나라를 행복하게 만드는 데 힘썼고, 그 비결을 배운다면 21세기인 지금에도 나라의 시민들이 행복해질 수 있지 않을까?

❷

큰 나라가 작은 나라를 공격하지 않은 까닭은 작은 나라라 하더라도 쌓여 있는 재물이 많고 성곽이 견고하게 쌓여 있으면 위아래가 협력하고 화합하기 때문이다.

積委多. 城郭修. 上下調和.

✐ 우리나라는 작은 나라이다. 예부터 침략을 많이 당했지만 그것을 이겨냈다. 그만큼 우리나라는 작은 나라였지만 힘이 있었다는 이야기이다. 요즘 작은 나라는 동양에서는 싱가포르 서양에서는 스위스 정도를 들 수 있다. 하지만 오늘날 세계가 이 국가들을 무시할 수 없는 것은 그 국가들이 강한 힘을 가지고 있기 때문이다. 싱가포르는 작은 나라이나 경제적으로 잘 발달하고 법률이 잘 정비되어 있다. 스위스 역시 작은 나라이나 부국으로 알려져 있다. 우리나라 역시 작은 나라이나 경제적 발달로 선진국으로 불리는 시대가 되었다. 우리는 작은 나라지만 평소 준비를 잘하고 내공을 쌓는 데 힘쓴다면 세계에서 기죽지 않고 큰 목소리를 내는 강한 나라로 성장할 수 있다.

❸

지금 많은 돈을 들여 장사 지내고 오랫동안 상을 입는 것을 주장하는 사람들이 정치를 하면 국가는 반드시 가난해지고 백성들은 반드시 적어지고 형법과 정무는 반드시 어지러워질 것이다.

今唯無以厚葬久喪者為政. 国家必貧人民必寡. 刑政必亂.

✎ 묵자는 많은 돈을 들여 장사지내고 상을 하는 것을 반대했다. 왜냐하면 그렇게 하면 나라가 가난해지고 백성이 적어지고 형법과 정무가 어지러워질 것이라고 생각했기 때문이다. 상을 치르는 것은 예를 지키는 일이다. 어느 정도 형식과 비용을 구비할 필요는 있다. 하지만 지나친 상례는 그 국가를 가난해지게 만들고 백성과 정치에 악영향을 미칠 것이다. 한 국가의 지도자나 영향력 있는 사람의 장례는 성대하게 치르는 것은 맞으나, 일반 사람들까지 장례를 크게 치러 자신의 치적을 자랑하는 것은 옳지 않다. 장례는 간소하고 검소하게 그리고 예는 더욱 갖춰서 치르는 것이 옳은 장례법일 것이다.

제6권

1. 천지 상

❶

천하에 정의로움이 있으면 살고

정의로움이 없으면 죽으며

정의로움이 있으면 부유해지고

정의로움이 없으면 가난해지며

정의로움이 있으면 다스려지고

정의로움이 없으면 어지러워진다고 하였다.

그러니 하늘은 그들이 사는 것을 바라고 죽는 것을 싫어하며

그들이 부유해지는 것을 바라고

가난해지는 것을 싫어하며

그들이 다스려지는 것을 바라고

어지러워지는 것을 싫어한다.

이것이 내가 하늘은 정의로움을 바라고 정의롭지 않음을 싫어하는

것을 아는 까닭이다.

> 曰. 天下有義則生. 無義. 則死. 有義則富. 無義則貧. 有義則治. 無義則亂.
> 然則天欲其生而惡其死. 欲其富而惡其貧. 欲其治而惡其亂.
> 此我所以知天欲義而惡不義也.

✒ 묵자는 정의로운 것은 올바르게 하는 것으로 윗사람부터 정의로워져야 한다고 주장하였다. 그는 정의로운 정치란 하늘의 뜻을 따르는 것이라며, 하늘의 뜻을 위배하는 것은 폭력의 정치라고 하였다.

그가 말하는 정의로운 정치란 큰 나라의 지위에 처해 작은 나라를 공격하지 않고, 큰 식읍의 지위에 처해 작은 식읍을 빼앗지 않으며, 강한 자는 약한 자를 겁탈하지 않고 귀한 자는 천한 자에게 오만하지 않으며, 사기 치는 자는 어리석은 자를 기만하지 않는다고 했다. 이렇게 하면 위로는 하늘에 이롭고 가운데로는 귀신에게 이로우며 아래로는 사람들에게 이로울 것이라고 했다.

그는 하늘이 정의를 따른다고 생각했으며 정의를 따르면 부유해지고 다스려지고 살아나게 된다고 생각했다. 그의 사상을 서양의 소크라테스에 비교해보자. 소크라테스는 정의란 덕이고 지혜로운 것, 부정은 악덕이고 무지한 것이라고 주장했다. 의사가 환자에게 이롭고 군인이 그 백성을 지켜주듯이 정의로운 사람이 통치자가 되면 모든 국민들에게 긍정적인 영향을 끼치게 된다고 소크라테스 주장했다.

그렇게 보자면 정의로움 즉 정의란 동서양을 막론하고 긍정적인 단어로 쓰였던 것은 분명하다. 이 시대에 자신이 정의라고 내세우는 이들이 많지만 결국 정의라는 것은 남을 기쁘고 행복하게 만드는 것이라고 생각한다. 이 사실을 알아 정치인들은 국민을 위한 진정한 정의의 정치를 해야 할 것이다.

그렇다면 현대의 책에서는 정의에 대해 어떻게 말하고 있을까? 한때 인기를 끌었던 만화 『데스노트』에는 정의에 대해 나온다. 악한 자는 사형시켜야 한다는 입장을 갖는 라이토, 그리고 범죄자라고 해서 사형시켜서는 안 된다는 입장인 L이 팽팽하게 대립한다. 누가 정의일 것인가? 라이토는 자신이 정의라고 말하지만 결국 죽게 되면서 정의의 방향은 L에게로 흐른다.

❷

정의로운 것은 올바르게 하는 것으로 아랫사람으로부터 윗사람을 올바르게 할 수 없고 반드시 윗사람으로부터 아랫사람을 올바르게 해야 한다고 한다. 그러므로 서민들은 힘을 다해 일에 종사하기는 하지만 자기 멋대로 할 수 없으며 사인들이 그들을 올바르게 한다. 사인들은 힘을 다해 일을 종사하기는 하지만 자기 멋대로 할 수 없으며 장군과 대부들이 그들을 올바르게 한다. 장군과 대부들은 힘을 다해 일에 종사하기는 하지만 자기 멋대로 할 수 없으며 삼공과 제후들이 그들을 올바르게 한다. 삼공과 제후들은 힘을 다해 정무를 처리하기는 하지만 자기 멋대로 할 수 있으며 천자가 그들을 올바르게 한다. 천자는 자기 멋대로 힐 수 없으며 하늘이 그를 올바르게 한다.

曰. 且夫義者政也. 無從下之政上. 必從上之政下. 是故庶人竭力從事. 未得次已而為政. 有士政之士. 竭力從事. 未得次已而為政. 有將軍大夫政之. 將軍大夫竭力從事. 未得次已而為政. 有三公諸候政之. 三公諸候竭力聽

治. 未得次已而. 爲政. 有天子政之.

✒ 윗물이 맑아야 아랫물이 맑다는 말이 있다. 사람들이 사는 것 역시 마찬가지인 것 같다. 윗사람이 바르게 해야 그 바름을 아랫사람에게 적용해 아랫사람 역시 바른 삶을 살 수 있다. 아랫사람이 윗사람을 맑게 하는 것은 가능하지 않다는 게 묵자의 주장이었다. 물이 위에서 아래로 흐르듯 올바름은 위에서부터 아래로 흐른다는 것이 묵자의 생각이었다. 그런 면에서 윗자리에 있는 사람의 처신이 얼마나 중요한지 알 수 있다. 지금 윗자리에 위치한 사람이라면 이 사실을 명심하고 나부터 올바르게 살아야겠다는 결심과 함께 내가 올발라야 아랫사람도 올바르게 될 것이라는 사실을 알아야 한다. 그렇게 될 때 전 국가가 올바름의 나라가 될 수 있을 것이다.

❸

천자는 최고로 귀한 사람이며 또한 천하에서 최고로 부유한 사람이다. 그러므로 부유하기도 하며 귀하기도 한 사람은 하늘의 뜻에 순종하지 않을 수 없다. 하늘의 뜻에 순종하는 사람은 두루 서로 사랑하고 서로 이롭게 하여 반드시 하늘의 상을 받을 것이다.

故天子者天下之窮貴也. 天下之窮富也. 故于富且貴者.
当天意而不可不順. 順天意者. 兼相愛. 交相利. 必得賞.

 앞서 아랫사람은 윗사람을 따라야 한다고 말한 바 있다. 그렇다면 더 이상 윗사람이 없는 천자는 누구의 뜻을 따라야 할까? 그것은 하늘의 뜻이라고 묵자는 주장했다. 하늘의 뜻이란 일종의 신의 뜻이다. 그것은 하늘의 뜻인 민심을 따라야 한다고 해석할 수도 있겠다. 하늘의 뜻을 따르면 서로 사랑하는 겸애가 일어나서 서로 사랑하게 되고 서로 이롭게 하여 하늘의 상을 받는다고 묵자는 주장했다. 큰일을 할 사람은 하늘의 시험을 받게 된다는 말이 있다. 모세가 그러했고 예수가 그러했다. 이처럼 하늘의 뜻이 무엇일지 알 때 그 사람은 천하에 귀한 사람이 될 수 있을 것이다. 공자 역시 하늘의 뜻 도를 안다면 그날 죽어도 좋다고 말한 사람이다. 이를 생각한다면 묵자와 공자의 공통점도 알 수 있을 것이다.

2. 천지 중

묵자께서 말씀하셨다.

"의는 어리석고 천한 사람들로부터 나오지 않고 반드시 귀하고 지혜로운 자들로부터 나온다."

어떻게 의가 어리석고 천한 사람들로부터 나오지 않고

반드시 귀하고 지혜로운 자들로부터 나오는지 아는가?

"의라는 것은 좋은 정치이기 때문이다."라고 대답한다.

어떻게 의가 좋은 정치가 되는지를 아는가?

이렇게 대답한다.

"천하에 의가 있으면 다스려지고

의가 없으면 어지러워지니

이것으로써 의가 좋은 정치가 됨을 안다.

어리석고 천한 사람들은

귀하고 지혜로운 사람들을 다스릴 수 없으며

귀하고 지혜로운 사람들이어야만

어리석고 천한 사람들을 다스릴 수 있다.

이것은 내가 의는 어리석고

사람들로부터 나오지 않고

반드시 귀하고 지혜로운 자들로부터

나온다는 사실을 아는 까닭이다.

그렇다면 누가 귀하고

누가 지혜로운가?

하늘이 귀하고

하늘이 지혜로울 뿐이다.

그러하니 의는 과연 하늘로부터 나오는 것이다."라고 대답한다.

子墨子曰. 義不從愚且賤者出. 必自貴且知者出. 何以知義之不從愚且賤者出. 而必自貴且知者出也. 曰. 義者善政也. 何以知義之為善政也.

✎ 묵자는 인의 중에서 의를 자세히 살펴보았다. 의가 있을 때 나라가 잘 다스려진다는 것이다. 의는 누구한테 있을까? 묵자는 귀하고 지혜로운 사람에게 의가 있다고 보았다. 그리고 중요한 것은 하늘인데 하늘이야말로 의가 나오는 곳이라고 했다. 그렇다면 하늘은 어떤 역할을 할까?

하늘은 상을 내리고 벌을 주기도 한다. 또한 질병과 재앙을 제거해주기도 한다.

하늘은 사람들이 힘이 있으면 서로 도와주고 도리를 알고 있으면 서로 가르쳐주며 재산이 있으면 서로 나누어 주기를 바란다. 또한 윗사람은 노력해서 다스리고 아랫사람은 노력해서 맡은 일에 종사하기를 바란다. 그렇게 할 때 국가가 안정되고 재물이 충분해진다고 보았다.

하늘의 뜻만 따른다면 형법과 정치는 잘 다스려지고 만백성은 화목해지고 국가는 부유해지고 재물은 충분해질 것이라고 보았다.

여기서는 자주 하늘이라는 개념이 나오는데 하늘은 무엇일까? 서양에서는 예수라는 신이 있었기에 신을 따르며 살았는데 동양에는 딱히 신이라는 개념이 없었기에 하늘이라는 개념을 썼을 것이라고 추측한다. 아무튼, 하늘은 이 세상을 창조한 자의 의지를 말하는 것 같다.

그래서 묵자는 하늘의 뜻을 따라야 한다고 주장했던 것이다.

❷

묵자께서 말씀하셨다. 지금 천하의 군자들이 내심 확실히 선왕의 도를 따르고 백성들에게 이로움을 주며 근본적으로 인의의 본원을 살피고자 한다면 하늘의 뜻을 따르지 않으면 안 된다.

今天下之王公大人士君子. 中実將欲遵道利民. 本察仁義之本.
天之意. 不可不順也. 順天之意者. 義之法也.

✎ 묵자는 하늘의 뜻을 따라야 한다고 주장했다. 그러면 하늘의 뜻이

란 무엇일까?

　그것은 큰 나라가 작은 나라를 공격하는 것, 큰 식읍이 작은 식읍을 어지럽게 하는 것, 강한 자가 약한 자에게 포악하게 구는 것, 사기꾼이 어리석은 자를 속이는 것, 귀한 자가 천한 자에게 오만하게 구는 것을 바라지 않는 것을 말했다. 또한, 사람들이 힘이 있으면 서로 도와주고 도리를 알고 있으면 서로 가르쳐 주며 재산이 있으면 서로 나누어 주기를 바랐다. 또 윗사람은 노력해서 다스리고 아랫사람은 노력해서 맡은 일에 종사하기를 바랐다. 한마디로 정의하자면 하늘의 뜻이란 선하게 사는 것을 말한다. 선하게 살 때 우리는 하늘의 뜻을 따르는 것이고 세상을 더욱 살만한 공간으로 만들 것이다.

3. 천지 하

❶

　묻건대 정의의 정치는 어떠한 것인가?
　큰 자는 작은 자를 공격하지 않고
　강한 자는 약한 자를 업신여기지 않으며
　많은 자들은 적은 자들을 해치지 않고
　사기 치는 자는 어리석은 자를 속이지 않으며
　귀한 자는 천한 자에게 오만하지 않고
　부유한 자는 가난한 자에게 교만하지 않으며
　젊은이는 노인으로부터 빼앗지 않는다는 것이다.

그래서 천하의 여러 나라는

물, 불, 독약, 무기로써 서로를 해치지 않는다.

이렇게 하는 것은 위로는 하늘을 이롭게 하며,

가운데로는 귀신을 이롭게 하며

아래로는 사람들을 이롭게 하니

이 세 가지의 이로움이 있으면 이롭지 않음이 없을 것이다.

이것을 하늘의 덕이라 말한다.

義正者何若. 曰. 大不攻小也. 強不侮弱也. 衆不賊寡也. 詐不欺愚也.
貴不傲賤也. 富不驕貧也. 壯不奪老也. 是以天下之庶国. 莫以水火毒薬
兵刃以相害也. 若事上利天. 中利鬼. 下利人. 三利而無所不利.

✎ 묵자는 정의의 정치를 통해 그 당시에 지켜야 할 도덕적 규범을 이야기하고 있다. 놀라운 것은 이 도덕적 규범들이 오늘날 우리 사회에도 그대로 적용된다는 것이다. 그 당시 나라는 여러 개로 나뉘어 있었다. 각 나라들은 천하 통일을 꿈꿨지만 묵자는 천하 통일을 지지하지 않았다. 각국의 나라들이 있는 그대로 나뉘어 있는 것이 더 이롭다고 생각했던 것 같다. 그래서 묵자는 전쟁에 반대했고, 큰 나라가 적은 나라를 공격하는 것을 비판했다. 그는 폭력의 정치란 강한 자가 약한 자를 업신여기며 많은 자들이 적은 자를 해치고 사기 치는 자는 어리석은 자를 속이며 귀한 자는 천한 자에게 오만하고, 부유한 자는 가난한 자에게 교만하며 젊은이는 노인으로부터 빼앗는다고 정의하였다. 이런 폭력의 정치는 오늘날 우리나라 사회에서도 그대로 이어지고 있는 문제이다. 이런 문제들

의 갈등이 심각해지는 상황에서 묵자의 도덕 원칙이나 규범들은 오늘날 사회에도 적용할 만하다.

❷

천하의 군자들이 의로움을 행하려고 한다면 하늘의 뜻에 순종하지 않으면 안 된다. 묻건대 어떻게 하늘의 뜻에 순종하는가? 천하의 사람들을 두루 사랑해야 한다.

今天下之士君子之欲爲義者. 則不可不順天之意矣. 曰. 順天之意何若. 曰兼愛天下之人.

✎ 묵자는 하늘의 뜻에 순종하고 세상 사람들을 두루 사랑하라고 하였다. 이는 흡사 "하느님께 순종하고 네 이웃을 네 몸같이 사랑하라."라는 예수의 가르침과 닮았다. 그래서 묵자를 작은 예수라고 하기도 한다. 묵자 역시 하늘의 뜻을 소중히 하였고 이를 따르는 게 바른길이라는 주장을 하였다. 그리고 사람을 차별 없이 사랑하라는 주장은 동양에서도 사랑을 실천했던 철학자가 있었다는 자부심을 가지게 하는 일이다. 이는 예수의 사랑보다도 몇백 년 앞서는 일이다.

서로 싸우고 남을 점령해야 하는 냉혹한 시대의 그이 주장은 파격적이고 현실적으로 받아들여지지는 않았지만, 그의 사상은 21세기가 된 지금에야 그 빛을 발하는 것만 같다.

제7권

1. 명귀 하

모두 귀신이 현명한 사람에게 상을 주고 포악한 사람을 벌줄 수 있다는 사실을 믿는다면 천하가 어찌 어지러워지겠는가?

> 不明乎鬼神之能賞賢而罰暴也. 則夫天下豈亂哉.

✎ 여러분은 귀신이 있다는 것을 믿는가? 거짓이라고 생각하는 사람이 많겠지만 묵자 시대에는 달랐다. 묵자는 역사적 사실을 바탕으로 귀신이 있는 것이라 생각했다. 그리고 그 귀신이 선악을 판단해 상과 벌을 주는 존재라고 여겼다. 귀신이 있고 없고를 떠나 내 행동이 선한가 악한가에 따라 무언가가 나를 판단하고 상벌을 주는 존재가 있다면 자연스레 행동이 조심스러워지지 않을까? 묵자도 그것을 노린 것 같다. 사람은 귀신의 존재를 떠나 지켜야 할 규범과 원칙이 있고 그 행동에 따라 상과 벌을 받아야 한다. 지금 시대에는 법이 그런 역할을 한다. 하지만 지금도 법망을 벗어나는 악한 사람들이 많이 있다. 이런 사람들이야말로 귀신이 벌을 주어야 하는 사람이다. 하지만 오히려 그런 사람들이 떵떵거리며 사는 것을 보면 귀신도 없는 것 같다. 묵자의 바람대로 귀신이 상벌을 주는 시대 그래서 사람들이 자신의 행동을 반성하는 사회가 왔으면 한다. 그렇기 위해서는 귀신들이 많이 활동해야 할 것이다. 죽은 영들이 저승으

로 가지 않고 현세에 남아 사람들을 징벌했으면 좋겠다.

2. 비악 상

묵자께서 말씀하셨다.
"어진 사람의 일은
반드시 천하의 이익을 일으키고
천하의 해를 없애는 것에 힘쓰는데
그것을 천하의 법도로 삼는다.
사람에게 이익이 되면
곧 하고
사람에게 이익이 되지 않으면
곧 그만둔다.
또한 어진 사람이 천하를 위해
생각하는데
그 자신의 눈에 아름다운 것이나
귀에 즐거운 것이나
입에 단 것이나
몸에 편안한 것을 위해 하지 않는다.
이러한 것으로 백성들이 입고 먹는데
드는 비용을 손해 보게 하고 빼앗기 때문에
어진 사람은 이러한 것들을 하지 않는다."

子墨子言曰. 仁之事者. 必務求興天下之利. 除天下之害. 将以為法乎天下. 利人乎即為. 不利人乎即止且夫仁者之為天下度也. 非為其目之所美. 耳之所樂. 口之所甘. 身体之所安. 以此虧奪民衣食之財. 仁者弗為也.

    묵자의 시대에도 국가의 지도자는 가장 중요하고도 높은 자리였다. 그리고 그 자리에 누가 되어야 하는 문제도 역사가 시작된 이래 많은 논쟁이 벌어지고 있다. 묵자가 생각하기에는 지도자는 어진 사람이 되어야 한다고 생각한 것 같다. 어진 사람은 천하에 이익을 일으키고 백성들에 해가 되는 일을 하지 않는 사람이다. 하지만 이게 단순한 일이 아니기에 지금까지도 많은 문제가 되고 있는 것 같다. 묵자는 특히 음악에 반대했는데 대종, 명고, 금 슬, 우생, 같은 악기 소리가 즐겁지 않다고 여기기 때문이 아니었다. 귀가 그것의 즐거움을 알지만 우리가 그것을 고찰해 보면 성군의 일에 부합하지 않으며 아래로 그것을 고찰해 보면 만민의 이익에 부합하지 않다고 여겼기 때문이었다. 또한 몸의 편안함과 입이 달콤함과 눈의 아름다운 것들을 좋아하지 않았다. 이는 흡사 오감을 제어하라는 부처님의 말씀과 도 같다. 이는 사실 요즘 시대와는 맞지 않는 내용일 수도 있다. 하지만 부처님의 설법과 비교하자면 묵자의 사상은 비슷해 보인다. 묵지는 백성에게 세 가지 우환이 있으니 굶주리는 자가 먹을 수 없고 추위에 떠는 자가 입을 옷이 없고 고생하는 자가 쉴 수 없다고 한 것이 가장 큰 우환이라고 하였다. 그러하니 백성들을 위해 대종을 두드리고 명고를 치고 금과 설을 뜯고 우와 생을 불며 방패나 도끼 모양의 무기를 들고 춤을 춘다면 백성들이 입고 먹을 돈이 어디에서 얻을 수 있을 거냐며 비판했다. 묵자는 그럴 수 없다고 보았던 것이다.

이는 특이한 묵자 만의 사상인 것 같다. 제자백가의 어느 사람도 음악을 비판하는 사람은 없었던 것 같다. 이는 묵자가 경제적인 이유를 들어 음악을 비판한 것인데, 한류로 음악이 퍼져 나가는 우리나라 상황을 보면 확실히 예술에 힘을 쏟을 정도로 우리나라는 경제적으로 풍족해진 것 같다.

제8권

1. 비명 상

그러므로 묵자께서 말씀하셨다.
"지금 천하의 관리들은
내심 진실로 천하가 부유해지는 것을 바라고 가난해지는 것을 싫어하며
천하가 다스려지는 것을 바라고
어지러워지는 것을 싫어하니
운명이 있다고 주장하는 사람들의 의론을
비난하지 않을 수 없다.
이것은 천하의 큰 해다."

是故子墨子言曰. 今天下之士君子. 忠実欲天下之富而悪其貧. 欲天下之治而悪其亂. 執有命者之言. 不可不非. 此天下之大害也.

✎ 왕공대인은 모두 국가가 부유해지고 인민이 많아지며 형법과 정무가 다스려지기를 바랐다. 하지만 국가는 부유해지지 않고 가난해졌고 인민은 많아지지 않고 적어졌으며 형법과 정무는 다스려지지 않고 어지러워졌으니, 본래 바라는 것을 잃어버리고 싫어하는 것을 얻었는데, 이것은 무슨 까닭일까? 이는 운명이 있다고 주장하는 사람들이 민간에 많이 섞여 있기 때문이라고 묵자는 생각했다. 운명이 있다고 주장하는 사람

은 운명적으로 가난해질 거라고 정해져 있으면 가난해지고 운명이 어지러워질 거라 정해져 있으면 어지러워지고, 요절할 거라고 정해져 있으면 요절한다고 생각했다. 이는 묵자의 생각과는 반대되는 생각이었다. 묵자는 관리들이 국가를 잘 다스리면 국가는 부유해지고 인민은 많아지고 형법과 정무는 잘 다스려질 것이라고 여겼다. 그런데 운명을 믿는 자들은 이런 사람이 할 수 있는 일에 대한 믿음 없이 그저 운명 하늘 탓을 하며 자신을 맡기고 포기해버리니 좋지 않은 결과가 나타난다고 보았던 것 같다. 그래서 묵자는 운명이 있다고 주장하는 자를 싫어했고, 이는 국가의 큰 해라고 보았다.

우리도 운명론으로 살 수도 있고 자신이 운명을 개척한다고 여길 수도 있다. 가급적 후자를 따르고 싶다. 묵자가 21세기로 돌아온다면 정해져 있는 것이 있을 수도 있지만, 개인의 노력으로 이를 극복할 수 있다고 생각하는 사람들을 지지할 것 같다.

2. 비명 중

공경하라.
하늘이 정해준 운명은 없다.
오로지 나와 주공 두 사람은
헛된 말을 만들어내지 않는다.
운명은 하늘로부터 내려지는 것이 아니라 스스로 얻는 것이다.
하와 상나라의 시서에서

운명은 포악한 임금이 지어낸 것이다.

于召公之執令亦然且敬哉無天命. 惟予二人. 而無造言. 不自降天之哉得之.
在于商夏之詩書曰. 命者暴王作之.

✎ 묵자는 운명론을 거부했다. 아예 애초에 운명 따위는 없다고 믿었다. 그리고 그것이 나라의 왕이나 백성들에게 더 이로울 것이라고 믿었다. 그는 하늘의 뜻이란 없다고 보았다. 개인 스스로의 개척 의지를 더 중요시했다. 옛날 사상이라고 하면 운명론을 말할 것 같지만, 묵자의 생각은 그런 점에서 시대를 앞서고 독특하다. 계급이 더 나뉘어 있었을 그때 당시에 운명론이 아닌 자신이 선택하는 개척론을 주장했기 때문이다. 이런 개척론은 흔치 않다. 불교에서도 운명을 강조했고 유교에서도 하늘의 뜻을 따를 것을 빈번히 말하곤 한다. 시대와 상황에 순응하라는 가르침이 일반인들 사이에서 퍼진 까닭이다. 하지만 묵자는 스스로의 의지로 이를 극복할 수 있다고 보았다. 이는 기술 출신의 장인이었던 자신의 경험에서 온 것으로 보인다. 그는 기술 출신의 장인이었으나 나중에 선비가 되었다고 한다. 자신 스스로 자신의 삶을 극복해 왔기에 자신 있게 개척론을 주장한 것이다.

3. 비명 하

❶

옛날 우왕, 탕왕, 무왕, 문왕이 천하를 다스릴 적에 반드시 굶주린 사람에게는 먹여주고 추운 사람에게는 입혀 주었으며, 수고로운 사람에게는 쉬도록 해주고, 어지러운 사회는 다스려지도록 하였다고 하였으니 드디어 천하의 영예와 좋은 명성을 얻게 되었다. 이것을 어찌 그들의 운명이라고 하겠는가? 본래 그들의 노력 때문이다.

故昔者禹湯文武. 方為政乎天下之時. 曰. 必使飢者得食. 寒者得衣勞者得息.
亂者得治. 遂得光譽令問于天下. 夫豈可以為命哉. 故以為其力也.

앞서 반복해서 말했지만 묵자는 운명을 믿지 않았다. 나라가 잘되는 것은 모두 국가 지도자의 노력 때문이라고 여겼다. 이는 하늘을 운명으로 받아들였던 공자와는 차이가 있는 것 같다. 공자는 하늘의 뜻을 따르려고 노력했던 사람이다. 주역을 보면서 운명의 흐름을 늘 주시했다. 하지만 묵자는 운명 따위는 없다고 보았다. 안전함과 위태로움, 다스려짐과 어지러움은 군주의 정치 여하에 달린 것이지 운명 때문에 그렇게 되는 것은 아니었다고 보았다. 여기서 저는 묵자의 과학적 접근법을 엿보게 된다. 그 당시는 옛날 시대였음에도 불구하고 하늘 때문이라고 말하지 않고 군주의 정치 여하, 즉 사람의 행동이 어떠한가에 따라 세상이 달라질 것이라고 예측한 과학적인 접근 방법을 묵자는 지녔다. '우리나라 전 대통령은 운명이다.'라고 말한 적이 있는데 어찌 운명 때문일까? 다 그 사람이 지은 행동과 말이 결국 그런 결과를 만들어 냈던 것이다. 지금 와서 묵자가 이 사실을 본다면 그 역시 운명이 아닌 개인의 행동이나 말에서 결과가 나온 것이라고 주장할 것 같다.

❷

그것은 그들이 부지런하면 반드시 부유하게 되고, 부지런하지 않으면 반드시 가난하게 되며, 부지런하면 반드시 따뜻하게 지내게 되고, 부지런하지 않으면 반드시 춥게 지내게 되기에 감히 태만할 수 없다고 여기기 때문이다.

   曰. 彼以爲强必富. 不强必貧. 强必煖. 不强必寒. 故不敢怠倦.

묵자는 부지런함을 강조했다. 옛날에는 농경사회이기 때문에 더 부지런함이 중시되었던 것 같다. 농사를 짓는 일은 많은 손길을 필요로 한다. 새벽같이 나가서 늦게까지 일할수록 농작물의 수확률이 높아진다. 그래서 부지런히 일하는 것을 강조했다. 그런 부지런함은 보상받아 부지런하면 부자가 된다고 생각했다. 베나 명주를 짜는 일 역시 마찬가지였다. 부녀자들은 베나 명주를 짜는데 이 일도 부지런하게 새벽같이 일어나 밤늦게 자면서 일해야 성공할 수 있다고 여겼다. 그런 부지런한 삶 덕분에 겨울을 따뜻하게 나고 춥지 않게 지낼 수 있다고 여겼다. 오늘날 사회는 어떤가? 부지런함이 강조되는가? 부지런함은 시대를 타는 가르침은 아닌 것 같다. 시대는 바뀌었어도 부지런함은 중요시되는 가치임은 분명하다.

4. 비유 하

또한 완고하게 운명이 있다고 주장하는 의론은 이렇게 말한다.

장수와 단명, 빈곤과 부귀, 안전과 위험, 다스려짐과 어지러움은 본래 천명에 달려 있어 줄이거나 늘일 수 없다. 궁색과 통달 상과 벌, 행복과 불행은 이미 정해져 있어 사람의 지혜나 힘으로는 바꿀 수 없다. 많은 관리가 이것을 믿게 되면 자신의 직분에 태만해질 것이며 서민들이 이것을 믿으면 자신이 하는 일에 태만해질 것이다.

관리들이 부지런히 다스리지 않으면 어지러워질 것이며

서민들이 농사에 부지런하지 않흥면 가난해질 것이다.

가난해지고 어지러워지는 것은 정치의 근본을 위배하는 것이다.

그런데도 유가들은 그것을 주장하고 가르치고 있으니 이는 천하 사람들을 해치는 것이다.

有强執有命以說議曰. 壽夭貧富安危治亂. 固有天命. 不可損益窮達賞罰幸否. 有極人之知力. 不能爲焉. 群吏信之. 則怠于分職. 庶人信之. 則怠于從事. 吏不治則亂. 農事緩則貧. 貧且亂政之本而儒者以爲道敎. 是賊天下之人者也.

✐ 묵자는 공자의 사상과는 반대되는 입장을 가지고 있었다. 유가에서는 운명이 있고 그것을 받아들여야 한다는 입장이었고, 묵자는 운명은 없고 모든 것은 사람의 행동에 달렸다는 주장이었다. 운명론은 나라를 어지럽히고 백성의 삶을 어렵게 한다는 것이 묵자의 주장이었다. 공자와

만나서 싸우고 있는 묵자의 모습이 그려지는가? 이처럼 묵자의 사상은 공자의 사상과는 크게 대립되는 면이 있었다. 그럼에도 불구하고 묵자와 공자의 사상은 중국의 큰 사상의 두 개의 흐름이었고, 공자의 사상이 더 잘 전해지면서 묵자의 사상은 그 내용이 훼손되어 잘 전해지지 않은 바가 많다.

모든 것을 운명론에 맡긴 채 자연스러움을 중시했던 공자도 이해되지만 운명에 맡긴 채 태만한 관리들을 혼내는 묵자의 사상에도 공감이 간다.

이처럼 옛날에도 이런 사상의 대립은 흔히 있었던 것이다. 오늘날 정치인들이 싸운다고 비판만 해서는 안 된다. 중요한 것은 그 대립을 통해 더 나은 의견을 결정하고 바른 의사 선택을 하는 데 있다고 할 수 있다. 나라에 현명한 정치인들이 많이 나와 잘 싸우고 자신의 직분에 잘 임하는 그런 사람이 많아져 우리나라가 더 발전했으면 좋겠다.

제9권

1. 경상

❶

복에는 자신의 학설을 고집하는 것과 상대방의 말을 살피는 것이 있다. 각자의 학설을 고집하면 결론을 내리기 어렵다. 상대방의 말을 살피기를 열심히 하면 곧 자신의 학설을 고집하는 것이다.

服執
服執
難成
務成之
則救執之

✎ 옛날에도 여러 가지 학설이 많았다. 이를 제자백가라고 한다. 세상의 수많은 철학자들이 나와 논쟁하던 시절이 있었다. 하지만 그 어떤 사상이 절대적인 학설이라고 결정 난 것은 아니다. 지금까지도 여러 가지 사상들은 전해져 내려온다. 우리가 해야 할 것은 각 학설을 살피고 그 학설에서 얻어낼 수 있는 지혜에 초점을 맞추어야 할 것이다. 어떤 학설에도 지혜가 담겨 있다. 각자 주장하는 바가 다를 수도 있겠지만, 그 다름에도 진리가 있다. 산을 이쪽에서 바라보고 저쪽에서 바라보고의 차이

인 것이다. 지금 당신은 묵자의 사상을 공부하고 있다. 묵자는 공자의 사상과 함께 중요한 학설이라고 한다. 공자의 사상이 잘 알려진 바에 비하면 묵자의 사상은 생소한 분이 많으실 것이다. 하지만 묵자의 사상에서도 지혜를 발견할 수 있다. 나는 이 책에서 묵자의 지혜를 하나하나 전하도록 하겠다.

❷

행은 올바른 행동을 하는 것이다. 어떤 일을 함에 뛰어난 명성을 얻으려 하지 않는 것이 올바른 행동이다. 어떤 일을 함에 훌륭한 명성을 얻는 것은 잔재주를 부리는 것으로 마치 도둑질하는 것과 같다.

行所為不善名

行也

所為善名

巧也

若為盜

🖋 묵자는 명성을 얻는 것을 원하지 않았다. 이는 명예를 추구하는 공자의 사상과는 크게 대립되는 일이다. 올바른 행동을 하면서도 명성을 얻으려고 하지 않는 것을 올바르게 보았다. 명성을 얻는 것은 마치 도둑질하는 것과 같다고 여겼다. 이를 보았을 때 묵자는 철저하게 자신을 내세우지 않고 숨기는 사상을 가졌음을 알 수 있다. 지금 이 시대는 조금만 나은 것이 있어도 자랑하는 시대이다. 그리고 그게 올바르다고 믿는

시대이다. 하지만 옛 가르침은 오히려 자신의 자랑거리를 숨기라고 한다. 그것이 생명을 보전하는 길이라고 한다. 옛날에는 윗사람에 의해 목숨이 좌우되는 경우가 많아서 그런 사상이 생긴 것 같기도 하다. 물론 지금에도 남에게 자랑하지 않는 겸손함은 자신을 지키는 무기이다.

❸

효란 양친을 이롭게 하는 것이다. 온화한 모습으로 양친을 모시며 힘닿는 한 양친을 이롭게 하되 반드시 효도 한다는 명성을 얻을 필요는 없다.

孝利親也
孝以親爲芬
而能能利親
不必得

✎ 묵자 역시 효를 강조했다. 동양의 중요한 사상은 효이다. 하지만 묵자는 효로 인해 명성을 얻는 것을 경계했다. 있는 힘껏 모시되 명성을 바라지 말라고 하였다. 호랑이는 죽어서 가죽을 남기고 사람은 죽어서 이름을 남긴다는 말이 있다. 하지만 묵자에게는 그런 말이 통하지 않았다. 묵자는 철저한 하심으로 자신을 낮추고 자신의 일을 하되 명성을 바라지 않는 삶을 살아가라고 하였다. 명성이 가져오는 폐단을 알았기 때문일 것이다. 명예가 생기면 잘난 척하고 명예에 집착하는 삶을 살게 된다. 이를 알았기에 묵자는 명예를 멀리하라고 한 것이다.

❹

임이란 선비가 자신은 피해를 보면서도 남을 이롭게 하는 것이다. 스스로 싫어하는 일을 함으로써 다른 사람에게 긴요한 일을 이루어 주는 것이다.

任士損己而益所爲也

任爲身之所惡

以成人之所急

✎ 선비는 자신이 피해를 보는 일조차 감안하고 남을 이롭게 하는 사람으로 보았다. 싫어하는 일을 자청하면서 다른 사람을 이롭게 만들라는 것이다. 이는 옛 선비들의 정신이다. 자신의 뜻을 굽히지 않았던 관리들 그리고 이순신과 같은 무장들의 정신이 바로 이런 정신이다. 우리는 이런 정신과 사상을 자랑스럽게 여겨야 하고 이 사상이 계승될 수 있도록 힘써야 한다. 나라에 이런 선비정신을 갖는 사람이 많을 때 그 나라는 행복해지고 더욱 발전할 수 있을 것이다.

2. 경하

원인을 알 수 없으면 두려움이 생기는 데 그 이치는 반드시 일어날지 알 수 없음에 있다. 자식이 군대에 있는지 그가 죽었는지 살았는지 꼭 알 수는 없다.

전쟁이 났다는 소식이 들리면

또 자식이 살아있는지를 꼭 기약할 수가 없다.

이전에는 두렵지는 않았으나

이제는 또 두려운 것이다.

無說而懼

說在弗必

無子在軍

不必其死生

聞戰

亦不必其生

前也不懼

今也懼

✎ 두려움은 알 수 없는 것에서 생긴다. 귀신이 두려운 것은 우리가 귀신이라는 존재를 모르고 있기 때문이다. 묵자도 그 사실을 잘 알고 있었나 보다. 전쟁이 일어나면 전쟁에 나가는 젊은이들의 가족은 얼마나 두려울까. 자식이 살아 돌아올지 죽을지 모르기 때문이다. 우리도 이 같은 불확실성의 상황을 많이 겪게 된다. 수능을 치는 아이들도 마찬가지이다. 수능시험이 어떻게 나올지 모르기 때문에 학생들이나 그 부모들은 두려움에 떨어야 한다. 이 모두가 정확히 알 수 없음에 기인한다. 주식 투자나 부동산 투자도 마찬가지이다. 앞으로의 미래가 어떻게 될지 모르기 때문에 그 경제 상황을 예측할 수 없기에 불안하기에는 마찬가지이

다. 나이로 보자면 젊은이들의 삶이 상당히 불안할 것 같다. 미래에 대한 고민이 가장 많은 시기이기 때문이다. 이런 불확실성에 의한 불안을 덜기 위해서는 마음을 비우고 세상이 어떠한 일이 벌어지든지 모든 것은 마음속에 있다는 일체유심조의 마음가짐을 가지는 게 좋을 것 같다. 그러면 예측 못 할 미래가 나를 좌지우지하는 것을 막을 수 있을 것이다.

제10권

1. 대취

후하게 치르는 장례는 그 어버이를 위함이니 그 어버이를 사랑하는 것이다.

그 어버이를 사랑하는 일인 듯하다.

후한 장례를 치르는 것은 그 어버이를 위한 것이고 이롭게 하는 것 같지만 정말로 그 어버이를 이롭게 하는 것은 아니다.

以臧為其親也. 而愛之. 非愛其親也. 以臧為其親也. 而利之. 非利其親也.

✎ 여기서는 장례를 어떻게 치르냐를 두고 묵자의 생각이 교차 된다. 장례를 후하게 치르는 것은 분명 그 어버이를 사랑하는 마음에서 나온 것이 맞다. 후한 장례는 그 어버이를 사랑하는 것이다. 하지만 후하게 장례를 치른다고 해도 그 어버이에게는 이로울 게 없다. 그래서 묵자는 후하게 장례를 치르는 것은 어버이를 이롭게 하는 것이 아니라고 말한다.

그렇다면 우리는 어떻게 해야 할까? 현대에서는 장례를 후하게 치르는 게 맞다. 물론 그 어버이가 이로울 것은 없지만, 그 어버이에 대한 우리의 예를 보여줄 수 있기 때문이다. 나라의 지도자가 죽었을 때 장례를 국장으로 치르는 것도 그분의 도를 높여주고 국민의 예를 보여주는 것이기 때문에 그렇게 치르는 게 맞다. 우리는 이로움과 우리의 사랑을 구분해서 생각할 줄 알아야 한다. 지독하게 실리주의에 따르는 것도 옳지 않고, 그렇다고 사랑의 감정만을 내세우는 것도 어리석다. 우리는 이들의 중간 위치를 찾아야 할 것이다.

2. 소취

– 생략 –

3. 경주

❶

성인들이 아무리 현명한 신하들을 모아 계책을 세운다 해도 수백 년 뒤의 일을 어떻게 알 수 있겠소? 그러나 귀신은 그 일을 알았소. 이러하므로 귀신의 밝은 지혜를 성인과 비교하는 것은 귀와 눈이 총명한 사람을 귀머거리와 맹인에 비교하는 것과 마찬가지입니다.

使聖人聚其良臣与其桀相而謀. 豈能智數百歲之后哉. 而鬼神智之. 是故曰. 鬼神之明智于聖人也. 猶聰耳明目之与聾瞽也.

 묵자는 귀신을 믿었다. 그리고 그 귀신이 밝은 지혜를 갖고 있다고 믿었다. 그 밝은 지혜는 너무도 커서 성인들보다 훨씬 더 큰 지혜라고 여겼다. 그것은 마치 귀머거리와 맹인과 비교하는 것 같다고 믿었다. 지금도 귀신의 여부에 대해서는 여러 주장이 있지만, 대다수가 미신이라고 믿고 있다. 묵자는 과거 사람이어서 그런 미신을 믿었을까? 왜 그는 귀신이 있다고 주장했을까? 한편으로는 귀신의 존재에 대해서는 확실한 결론이 난 적이 없다. 우리가 죽고 난 뒤 영혼이 있을지 없을지는 아직 미정이다. 그러므로 묵자의 주장이 완전히 낡고 틀린 것이라고 볼 수는 없다. 귀신이 조상신을 의미하는 것이라면 우리가 조상신을 섬기고 귀하게 여기는 것은 바람직하다고 볼 수 있다.

제11권

1. 귀의

한마디 말을 놓고 다투다가 서로 죽이기도 하는 것은 의가 그 몸보다 귀중하기 때문이다. 그래서 말한다. 온갖 일 중에서 의보다 더 귀한 것은 없다.

묵자께서 노나라에서 제나라로 가시어 친구를 만났다. 친구가 묵자께 말했다. "지금 천하에는 의를 실행하는 이가 없고 그대 홀로 스스로 힘들게 의를 실행하려고 하는데 자네는 그만두는 게 낫겠네."

묵자께서 말씀하셨다. "지금 어떤 사람이 여기에 있는데 열 명의 자식이 있다고 하자. 그중 한 사람이 농사를 짓고 나머지 아홉 명이 그저 놀고먹는다면 농사짓는 아들은 더욱더 바쁘지 않을 수 없다네 무슨 까닭인가? 곧 먹어야 할 사람은 많고 농사지을 사람은 적기 때문이라네.

지금 천하에는 의를 실행하는 이가 없으니 자네는 나에게 의를 권유해야 하거늘 무슨 까닭으로 나에게 그만두라고 하는가?"

争一言以相殺. 是貴義于其身也. 故曰. 万事莫貴于義也. 子墨子自魯卽齊. 過故人. 謂子墨子曰. 今天下莫爲義. 子獨自若而爲義. 子不若已. 子墨子曰. 今有人于此. 有子十人. 一人耕而九人処. 則耕者不可以不益急矣. 何故. 則食者衆而耕者寡也. 今天下莫爲義. 則子如勸我者也. 何故止我.

✎ 묵자는 의를 중시했다. 세상에 의를 실행하는 이가 없음에도 그 혼자라도 힘겹게 실현하고 자 하였다. 열 명 중 농사짓는 이가 하나밖에 없는 상황에서 혼자 농사를 짓는 것처럼 묵자는 의를 실행하려고 했다. 그래서 의를 놓고 서로 죽이는 것조차 할 수 있다고 생각했던 것이다. 의가 무엇이기에 그렇게 중시했을까? 그것은 공자에게 있어서 인과도 같은 것이다. 공자는 인을 중시했다. 맹자도 인의를 중시했다. 묵자도 이와 같다. 묵자 역시 의를 중시했다. 의가 꼭 갖춰야 할 덕목이라는 것이다. 당신은 어떤 덕목을 마음에 품고 살아가는가? 인생에서 이것만큼은 양보할 수 없는 가치가 있는가? 그렇다면 그것은 묵자에게 있어 의와 같다. 묵자가 살던 시대에도 의를 행하는 자가 없었다고 한다. 지금 시대는 오죽할까? 하지만 혼자 의를 실행했던 묵자처럼 나도 의를 행하고 싶다. 아무리 세상에 돈에 미쳐가더라도 혼자서라도 의를 실행하는 삶을 살고 싶다.

❷

묵자께서 말씀하셨다. "반드시 여섯 가지 치우친 습관을 없애야 한다. 침묵함은 곧 사색함이며 말을 함은 가르침이고 움직임은 일을 하는 것이니, 세 가지를 교대로 잘 쓰면 반드시 성인이 될 것이다. 반드시 지나치게 기뻐하지 말고 지나치게 성내지 말며, 지나치게 즐기지 말고 지나치게 사랑하지 말고 인의를 써서 행동하라. 손, 발, 입, 귀, 코 등을 의로움에 따라 일하게 하면 반드시 성인이 될 것이다."

子墨子曰. 必去六闢. 嘿則思. 言則誨. 動則事. 使三者代御. 必為聖人. 必去喜去怒. 去樂去悲. 去愛. 而用仁義. 手足口鼻耳. 從事於義. 必為聖人.

✐ 묵자는 지나친 것을 경계했다. 지나치게 기뻐하지 말고 지나치게 성내지 말고 지나치게 즐기지 말고, 지나치게 슬퍼하지 말고 지나치게 사랑하지 말라고 했다. 이는 흡사 이 이야기가 떠오른다. 어떤 왕이 마음의 평화를 유지할 수 있는 말을 원했다. 지혜로운 자들이 모여서 회의를 한 결과 왕에게 반지를 건넸는데, 그 반지에는 "이 또한 지나가리라."라고 쓰여 있었다. 우리는 일상에서 감정의 희로애락을 경험하지만 지나치게 그 감정에 빠지면 좋지 않다. 부처님은 칭찬이나 비난에 개의치 말라고 말했다. 감정의 쏠림 없이 평정심을 유지할 때 우리는 비로소 의로움을 찾을 수 있고 성인의 경지에 오르게 될 것이다.

2. 공맹

❶

묵자께서 말씀하셨다. "지금 세상이 어지러워 아름다운 여자에게 구혼하는 사람이 많으므로 아름다운 여자가 비록 밖으로 나가지 않더라도 많은 사람이 그런 여자에게 구혼하려고 합니다. 이제 선량함을 구하는 자가 적으므로 억지로 사람들에게 유세하지 않는다면 사람들이 그것을 알지 못합니다."

子墨子曰. 今夫世亂. 求美女者衆. 美女雖不出. 人多求之. 今求善者寡. 不強說人. 人莫之知也.

🖊 낭중지추라는 말이 있다. 주머니 안의 송곳이라는 것이다. 주머니 안의 송곳이 드러나듯이 아름다운 여자에게 구혼하는 자는 많다. 이는 당연한 이치이다. 하지만 묵자는 선량함에 대해서도 그럴지 의문을 품었다. 선량함을 추구하는 사람이 적기에 선량함을 유세하고 홍보하고 다녀야 한다고 주장한 것이다. 여기서 묵자의 선량함을 널리 퍼뜨리기 위한 노력을 알 수 있다. 우리는 선량하게 살아야 한다고 들으나 그것을 실천하는 사람은 드물다. 왜냐하면 그것에 이득이 없다고 생각하기 때문이다. 묵자가 선량함의 이득이 있다고 생각했는지 없다고 생각했는지는 모르나 선량해야 한다는 것이 인간의 도리라고 생각한 것 같다. 그래서 묵자는 선량함을 유세하고 다녔던 것이다. 소크라테스가 의를 추구했듯이 묵자 역시 의를 추구했던 인물이었다.

❷

묵자께서 말씀하셨다 "행하는 것은 복장에 있지 않습니다." 공맹자가 물었다. "그러한 줄 어떻게 아십니까." 묵자가 말씀하셨다. "옛날에 제환공은 높은 관을 쓰고 넓은 띠를 매고 금속 칼과 나무 방패를 들고서 그 나라를 다스렸는데 나라가 잘 다스려졌다. 옛날에 진문공은 거친 베옷과 암양 가죽 갖옷을 입고 가죽으로 만든 허리띠엔 칼을 차고 그 나라를 다스렸는데 나라가 잘 다스려졌다. 옛날에 초장왕은 화려한 관을 쓰고 비단 관끈을 매고 큰 웃옷과 풍성한 용포를 입고 그 나라를 다스렸는데 나라가 잘 다스려졌다. 옛날에 월왕 구천은 머리를 깎고 몸에 문신을 한 채로 그 나라를 다스렸는데 그 나라는 잘 다스려졌다. 이 네 명의 군주는 복장은 서로 달랐지만, 그들이 행한 것은 같았다. 그러므로 나 묵적은 행하는 것은 복장에 있지 않음을 아는 것이다."

子墨子曰. 行不在服. 公孟子曰. 何以知其然也. 子墨子曰. 昔者齊桓公. 高冠博帶. 金劍木盾. 以治其國. 其國治. 昔者晉文公. 大布之衣. 牂羊之裘. 韋以帶劍. 以治其國. 其國治. 昔者楚莊王鮮冠組纓. 縫衣博袍. 以治其國. 其國治. 昔者越王句踐. 剪髮文身. 以治其國. 其國治. 此四君者. 其服不同. 其行猶一也. 翟以是知行之不在服也.

✎ 묵자는 행하는 것은 복장에 있지 않다고 주장했다. 어떻게 옷을 입는가는 나라를 잘 다스리는 것과 상관이 없다는 것이다. 그는 네 명의 군주의 사례를 들면서 입는 옷과 나라의 다스림이 상관없다는 것을 설명하였다. 우리도 중요한 것은 의복이 아니라 행동임을 알아야 한다. 물론 의복은 중요하다. 하지만 그것은 어떤 상황이나 조건에 알맞은 옷이기만 하면 된다. 결혼식장에는 양복을 입고 가면 된다. 그 옷이 얼마짜리이고 어떤 천으로 만들었느냐는 상관이 없다. 학생들은 단정한 옷을 입거나 교복을 입으면 된다. 옷을 어떻게 입느냐와 학교 성적과는 큰 관련이 없다. 묵자의 이 사상은 근본적인 것을 가리키는 것으로 시대를 앞선다고도 볼 수 있다. 사람의 복장은 그의 행동과 큰 관련이 없다는 주장은 그래서 지금 이 시대에도 크게 다가온다.

❸

복상 기간이 아닐 때는 시경 시 삼백 편을 외우며 시경 시 삼백 편을 연주하거나 노래하기도 하고 시경 시 삼백 편에 맞추어 춤도 춥니다. 만약 그대의 말대로 하면 군자는 어느 겨를에 정치를 하겠습니까? 백성들은 어느 겨를에 생업에 종사하겠습니까?

或以不喪之間. 誦詩三百. 弦詩三百. 歌詩三百. 舞詩三百. 若用子之言. 則君子何日以聽治. 庶人何日以從事.

✎ 이 장은 공자와 맹자의 사상과 묵자의 사상을 비교하고 있다. 공자는 시경 삼백 편을 두고 거기에는 사사로운 마음이 없다고 주장하면서 시경 읽기를 권장하였다. 하지만 공자는 시경 삼백 편을 읽고 노래 부르면 언제 정치를 할거냐며 공자를 비판한다. 공자는 음악을 순수한 것으로 중요시했지만 묵자는 철저한 현실주의자였다. 음악을 하면 생업에 종사할 겨를이 없다고 생각하며 음악 듣기를 권장하지 않았다. 공맹은 나라가 잘 다스려지면 예악을 하고 나라가 가난하면 생업에 종사하면 된다고 주장했다. 하지만 묵자는 나라가 잘 다스려지면 예약을 행하고 나라가 어지러워지면 나라를 다스린다고 하는 말은 비유하면 마치 목이 말라 우물을 파다가 사람이 죽었는데 의사를 부르는 것과 마찬가지라고 반박했다. 그는 폭군이었던 여러 임금의 사례를 들면서 음악을 성대하게 연주하고 그의 백성들을 돌보지 않다가 죽임을 당하고 나라가 폐허가 된 사례를 소개했다. 그의 주장은 논리가 있다.

제12권

1. 노문

❶

나의 친척을 죽이고 내가 초나라를 받으면 기쁠 것인가? 나는 천하를 얻는다 해도 의로운 일이 아니면 하지 않을 것인데 하물며 초나라 정도이겠는가?

> 殺我親. 而喜我以楚国. 我得天下而不義. 不為也. 又況于楚国乎.

✐ 당신은 죄 없는 누군가를 죽이면 한 나라의 왕이 될 수 있다면 어떻게 할 것인가? 그 사람을 죽일 것인가? 아마 많은 사람은 그렇지 않을 것이라고 생각한다. 인간에게는 양심이 있기 때문이다. 하지만 때론 다른 사람은 상관없이 왕 자리에 오르고 싶어 하는 사람도 있을 것이다. 하지만 그렇다고 해서 그를 비난할 수는 없다. 왕과 같은 지위에 오르는 것은 누구나 바라는 것이기 때문이다. 하지만 묵자는 단호히 왕의 자리를 거절할 것 같다. 왜냐하면 묵자는 다른 사람과 내가 하나 되는 사랑을 설파한 인물이기 때문이다. 사실 일상생활 속에서는 이런 큰 종류의 갈등이 일어나지는 않는다. 아무래도 작은 사소한 이권 다툼이나 갈등이 일어난다. 이럴 때 자신만 주장하지 말고 조금 남을 배려해서 다른 사람을 생각한다면 다툼없이 좋은 관계를 유지할 수 있을 것이다.

❷

　지금 어떤 사람이 여기에서 한 마리의 개와 한 마리의 돼지를 훔쳤다면 그를 불인하다고 말합니다. 어떤 사람이 한나라와 한 도시를 훔쳤다면 의롭다고 여깁니다.

　　　今有人于此窃一犬一彘. 則謂之不仁. 窃一国一都. 則以爲義.

　🖊 사소한 물건을 훔치는 좀도둑은 감옥에 가지만 한 나라를 훔친 사람은 왕이 된다. 이것은 아이러니한 일이다. 나라를 훔쳤던 이성계는 조선왕조를 열었지만, 작은 물건을 훔쳤던 장발장은 감옥에 갔다. 이 사건을 해석해보자면 스케일을 크게 갖는 것의 중요성을 말한다. 우리는 작은 스케일을 가져서는 안 된다 대양처럼 넓은 마음과 큰 꿈을 가져야 한다. 스티브 잡스가 빈 병을 주워 팔면서 생계를 유지했을 때 그의 마음은 작았다. 하지만 세계적인 기업 애플을 만들었을 때 그의 마인드는 달라졌다. 우주를 놀라게 하는 물건을 만들자고 직원들을 격려했다. 그 결과 애플은 세계적인 기업이 되었다. 그가 빈 병을 팔면서 '오늘 하루만 버티자.'라는 마인드에 머물렀다면 오늘날의 스마트폰은 없었을 것이다. 이처럼 사람은 큰 꿈을 꿔야 하고 큰 비전을 가져야 한다. 적은 비전에 사람들이 몰려들지 않는다. 큰 비전에 사람들이 몰려들고 큰 성공을 거둘 수 있다.

2. 공수

공수반이 물었다.

"선생께서는 어떤 가르침을 주시려는지요?"

묵자께서 말씀하셨다.

"북쪽 지방에 나를 모욕한 자가 있는데 그대의 도움을 받아 그를 죽이고자 합니다."

공수반은 불쾌하게 여겼다.

묵자께서 말씀하셨다.

"십 금의 돈을 드리겠습니다."

공수반이 말했다. "나의 의로움으로는 절대로 다른 사람을 죽일 수 없습니다."

子墨子曰. 北方有侮臣. 願藉子殺之. 公輸盤不說. 子墨子曰. 請獻十金. 公輸盤曰吾義固不殺人.

✎ 우리는 모욕을 당하거나 욕을 먹으면 분노가 생기고 복수하고자 하는 마음을 가질 수 있다. 때론 그 마음이 심해져 죽이고 싶어지기도 한다. 하지만 현실적으로 복수하는 것은 좋은 해법이 아니다. 여기서 나는 부처나 예수처럼 상대를 용서하라는 가르침을 전하려는 것은 아니다. 다만 현명하게 행동하여 상대방에게도 응징을 가하고 나 자신도 지키는 법을 가지라고 권하는 것이다. 우리가 이용해야 할 것은 법이다. 지금의 법은 완벽한 것은 아니지만 나를 지키고 상대방에게도 제약을 가할 수 있

는 유일한 수단이라고 볼 수 있다. 우리는 이런 법을 이용해서 정당한 보상을 받고 나의 행복을 침해받지 않도록 유지해야 한다. 공수반 역시 이를 알았기에 다른 사람을 죽이지 않는다고 말한 것이 아닐까?

제3부
묵자를 만나다

제1권

1. 친사

❶

옛날 문공은 나아가 천하를 바로잡았고, 환공은 나라로 돌아가 제후들의 패자가 되었으며, 월나라의 구천은 오나라의 왕에게 치욕을 당하였으나, 오히려 중국의 현군이라는 칭송을 듣게 되었다. 셋은 모두 명성과 공덕을 천하에 떨쳤지만, 모두 자신의 나라에서 억눌리고 큰 부끄러움을 당한 바 있다.

> 昔者文公出走而正天下. 桓公去国而霸諸候. 越王句踐遇吳王之丑.
> 而尚攝中国之賢君. 三子之能達名成功于天下也. 皆于其国抑而大丑也.

✐ 세 명의 군주는 치욕을 당했으나 설욕에 성공한다. 우리 인생도 이처럼 통쾌해야 하지 않을까. 그들의 성공은 실패 이후에 이룬 것이라 더욱 값지다. 우리는 때때로 세상에 지고, 치욕을 당할 때가 있다. 하지만 거기서 주저앉으면 그야말로 패배자가 될 뿐이다. 우리는 다시금 치욕을 딛고 일어나 승리를 쟁취해야 한다. 와신상담이라는 말이 있다. 실패를 잊지 않기 위해 쓸개를 매일 맛보듯이 실패의 상처를 딛고 일어서려면 가슴속 깊이 아픔을 기억하고 다시는 실패하지 않겠다는 굳은 각오를 다져야 한다. 그럴 때에야 비로소 실패를 딛고 성공이라는 값진 열매를 수확

할 수 있을 것이다.

❷

내가 듣기로 "안전한 거처가 없는 것이 아니라 자신이 안심하지 못하는 것이요, 풍족한 재물이 없는 것이 아니라 자신이 만족하지 못하는 것이다."라고 한다.

聞之曰. 非無安居也. 我無安心也. 非無足財也

✎ 우리가 사는 곳은 중요하다. 하지만 사는 곳이 크다고 해서 무조건 행복한 것은 아니다. 나 역시 지금은 더 큰 집에 살지만 사람 둘이 누울 정도의 원룸에서 살 때가 가장 행복했다. 그때는 꿈이 있었기에 더 행복하고 편안했던 것 같다. 재물 역시 마찬가지이다. 지금은 옛날보다 더 돈이 많지만 첫 월급을 탔을 때가 제일 행복했던 것 같다. 사람들 사는 것은 비슷비슷하고 누구나 마찬가지이다. 일체유심조라는 말이 있다. 모든 것은 내 마음에 있다. 내 마음을 잘 관리한다면 으리으리한 집, 어마어마한 재산이 아니더라도 충분히 행복하게 잘 먹고 잘살 수 있다.

❸

측근들은 아첨만 할 뿐 좋은 의견은 감추어져 사라지게 된다. 걸왕이나 은나라 주왕이 자신의 천하에 선비가 없었는가? 스스로의 몸을 죽이고 천하를 잃었다.

諂諛在側. 善議障塞. 則国危矣. 桀紂不以其無天下之士邪.
殺其身而喪天下.

🖊 예부터 나라가 멸망하게 되는 이유를 보면 주위에 아첨꾼들이 많을 때이다. 충신이 사라지고 아첨꾼이 들끓을 때 나라는 위기에 처한다. 처음부터 어진 선비가 없기 때문은 아닐 것이다. 군주가 정치를 제대로 하지 않고 거스르는 말을 하는 충신들을 죽이기에 주위에 올바른 선비가 없는 것이다. 군주가 그처럼 맘대로 살면 본인은 좋을지 몰라도 나라는 점점 망하게 되어 있다. 하나라 걸과 은나라 주가 망한 것도 마찬가지의 이유였다. 그래서 군주의 지위는 편안할지 몰라도 막중한 책임이 있다. 그 책임을 지지 않는 군주의 나라는 무너지게 되어 있다. 만약 신하가 된다면 충신의 마음가짐으로 군주를 잘 모셔야 한다. 군주가 문란해도 신하라도 충신의 마음가짐을 가질 수 있다면 군주의 마음을 돌려놓을지도 모른다.

❹

따라서 현명한 군주라면 도리어 공이 없는 신하를 총애하지 않으며 자애로운 아버지는 도리어 무능한 이들을 사랑하지 않는 것이다. 그리하여 (현명한 군주 아래에 있는 신하는) 그 자리에 오르지 못한 것이 아니라 그 자리에 오를만한 사람이 아닌 것이고, 그 작위를 받지 못한 것이 아니라 그 녹의 주인이 못 되는 것이다.

故雖有賢君不愛無功之臣. 雖有慈父. 不愛無益之子. 是故不勝其任.

而処其位. 非此位之人也. 不勝其爵. 而処其祿. 非此祿之主也.

✎ 어떤 직위에 위치하고 있다면 그 직위에 알맞은 능력을 갖추어야 한다. 능력이 무능하다면 자연스럽게 비판을 받게 되고 그 자리에서 물러나는 게 맞다. 지금 나라가 어지러운 것은 올바른 능력을 갖춘 사람이 지위에 올라 있지 않기 때문이라고 생각한다. 과거나 지금이나 제대로 된 인물을 발탁하는 게 얼마나 중요한지를 알 수 있다.

❺

이런 까닭에 강물은 작은 냇물도 싫어하지 않고 채워 큰 강이 될 수 있는 것이요 성인은 말없이 일하며 어긋남이 없기에 천하의 그릇이 될 수 있는 것이다.

是故江河不悪小谷之満已也. 故能大. 聖人者. 事無辞也. 物無違也.
故能為天下器.

✎ 땅은 모든 것을 품기에 크다는 말이 있다. 바다 역시 마찬가지이다. 한 컵의 물도 사양하지 않기에 거대한 바다가 되었다. 그래서 바다 같은 사람이라고 하면 최고의 칭찬이 아닐까 싶다. 마음이 바다 같다면 어떤 사람도 능히 품을 것이기 때문이다. 사람도 마찬가지이다. 넓은 마음을 가진 사람은 많은 사람을 품어 성인의 자리에 오른다. 인류의 성인들은 넓은 마음으로 많은 사람들을 품었기에 지금의 성인의 위치에 올랐다.

2. 수신

❶

군자는 전쟁에 나아가 진을 갖추나 그 근본은 용맹에 있다. 장례를 치를 때는 예를 갖추나 그 근본은 슬픔에 있다. 선비는 학문을 닦으나 그 근본은 행동에 있다. 그러니 근본이 불안함을 바로 잡으려 해야지 결말만 풍성하기를 애써서는 안 된다. 가까운 이웃과 친하지 않고서 먼 곳에서 오기를 힘쓰지 마라. 친척이 따르지 않는데 바깥의 사귐만 애쓰지 마라. 일에 시작과 끝이 없는데 많은 일을 벌이지 마라. 손에 쥔 물건도 모르면서 해박한 학문을 닦으려 애쓰지 마라.

君子戰雖有陳. 而勇爲本焉. 喪雖有礼. 而哀爲本焉. 士雖有学. 而行爲本焉. 是故置本不安者. 無務豊末. 近者不親. 無務求遠. 親戚不附. 無務外交. 事無終始. 無務多業. 挙物而闇. 無務博聞.

✎ 우리들이 공부하는 것은 실천하기 위함이다. 하지만 지금의 공부는 부와 명예를 얻기 위한 공부가 되고 있다. 대학은 취업을 위해 존재하고 있다. 이는 공부가 헌자리 얻기 위힘이 되고 있는 것이다. 이는 근본이 아니다. 공부는 배운 것을 실천하기 위함이다. 또한, 다음의 이야기도 지극히 상식적인 것이다. 주위의 친척들조차 친하지 않는데 나와 아무런 관계없는 외부 사람과 친교를 맺는다는 것은 옳지 못한 일이다. 옳지 못하기보다 잘 될리없고 의미도 없는 일이다.

3. 소염

❶

이 네 임금은 마땅하지 않은 것에 물들어 나라가 망하고 자신이 죽었으니 천하의 수치를 당하였다. 천하의 의롭지 못한 욕된 사람을 거론할 때에는 이 네 임금을 반드시 일컫는다.

此四王者. 所染不当. 故国残身死. 為天下戮僇. 挙天下不義辱人.
必称此四王者.

✎ 4인의 군주는 원래 나쁜 사람이 아니었다. 하지만 천이 물이 들 듯이 나쁜 사람에게 물이 들면서 나쁜 사람이 되고 말았다. 향초를 감싼 종이는 종이에 향이 든다고 한다. 물 컵에 잉크를 넣으면 전체 물이 검게 변하고 만다. 이처럼 사람은 주위 사람들에 의해 물이 들기 때문에 어떤 사람과 교류해야 할 것을 신중히 선택해야 한다. 자신의 가족 같은 경우 나에게 부정적인 영향을 준다고 해도 피할 수는 없다. 하지만 친구들은 내가 선택할 수 있다. 그렇기 때문에 긍정적인 사람들로 나의 주위를 감싼다면 나는 보호받고 더 성장할 수 있을 것이다. 오프라 윈프리는 나보다 잘난 사람으로 주위를 채우라고 말했다. 어떤 일본인은 "나는 배울 것이 있다면 고양이든 개든 가리지 않고 배운다."는 말을 하기도 했다. 나보다 잘나가는 사람에게 배우도록 하자. 그러면 나의 성장 역시 빨라 질 것이다.

4. 법의

❶

　옛날의 성왕인 우 임금, 탕 임금, 문 임금, 무 임금은 천하의 백성을 공평히 사랑하였고, 솔선수범하여 하늘을 존경하여 제사 지냈다. 그와 같이 사람을 많이 도왔기에 하늘이 그 복을 내려 천자로 세우고 천하의 제후가 모두 그 일을 떠받든 것이다. 폭왕 걸 임금, 주 임금, 유 임금, 여 임금은 천하의 백성을 모두 싫어하였기에 하늘의 뜻을 거슬렀다. 그와 같이 사람을 많이 해쳤기에 하늘이 그 화를 내려 나라를 잃게 하고 몸을 죽여 천하에 수치가 되게 하였기에 후세 자손이 끊겨 인제 와서는 자식이 남아 있지 않은 것이다.

昔之聖王禹湯文武. 兼愛天下之百姓. 率以尊天事鬼其利人多. 故天福之. 使立爲天子. 天下諸侯. 皆賓事之. 暴王桀紂幽厲. 兼惡天下之百姓率以訴天侮鬼. 其賊人多. 故天禍之. 使遂失其國家. 身死爲僇於天下. 后世子孫毁之. 至今不息.

🖋 잘못을 저지르면 하늘이 노한다는 말이 있다. 폭군이 이었던 군주들이 모두 죽임을 당한 것을 보면 사필귀정이라는 말이 생각난다. 모든 것은 옳은 이치대로 돌아간다는 뜻이다. 하지만 반대로 백성들에게 혜택을 베풀고 하늘을 높이고 귀신을 잘 섬기면 하늘이 그들에게 복을 내려 천하를 지배할 권리를 준다고 믿었다. 이 믿음은 그래야 하는 당위적인 믿음이 아니라 실제로 결과로 증명되는 이야기이다. 이는 도덕책에 나온

내용이 아니라, 현실 정치에서 발생한 일이라는 것이다. 도덕책에 나온 착하게 살라는 말은 교수들의 고루한 생각이 아니라 2,000년 전 혼란스러운 전국 시대에도 통용될 수 있는 진리라는 말이다. 우리가 이 사실을 안다면 하늘의 뜻을 따라 백성들을 섬기며 살아야 할 것이다.

5. 칠환

❶

무릇 다섯 가지 곡식이란 것은 백성이 우러러 받드는 것이니, 임금의 자리란 그것으로 부양되는 것이다. 그러므로 백성이 우러를 것이 없으면 임금이 부양받을 것도 없고 백성이 먹지 못하면 일을 할 수도 없다. 따라서 먹이는 것에 힘쓰지 않을 수 없고 땅에 힘을 들이지 않을 수 없으며 씀씀이는 아끼지 않으면 안 된다. 다섯 곡식을 모두 거두어들이면 다섯 음식이 임금에게 올려 지지만 거두어들이지 못하면 올려지지도 않는다.

凡五穀者. 民之所仰也. 君之所以爲養也. 故民無仰. 則君無養. 民無食. 則不可事. 故食不可不務也. 地不可不力也. 用不可不節也. 五穀盡收. 則五味盡御于主. 不盡收則不盡御.

✎ 군주들이 먹고살 수 있는 까닭은 백성들이 농사를 지어 식량을 바치기 때문이다. 그런 면에서 군주와 백성은 공생관계가 있다. 백성 없이 군주만 살 수 없으며 백성 또한 군주가 없으면 다스러지지 않는다. 군주

는 백성들에게 질서를 부여하며 백성들은 군주가 풍요롭고 평안하게 살 수 있게 돕는다. 자연에도 이와 같은 관계가 있으니 바로 악어와 악어새의 공생관계이다. 악어새는 악어의 이빨에서 음식을 얻고 악어는 이를 깨끗이 할 수 있으니 이것은 찰떡궁합이 아닐 수 없다. 개미와 진딧물도 마찬가지의 관계이다. 개미는 진딧물로부터 양분을 얻고 진딧물은 개미의 보호를 받는다. 이처럼 자연의 공생관계는 사람에게도 영향을 미쳐 각 계층의 사람들이 잘살아 갈 수 있도록 돕는다.

❷

그리하여 말하길 "극진한 상을 공 없는 자에게 주고 창고를 비워 마차와 옷과 갖옷을 기괴하게 꾸미고 부리는 사람을 괴롭히면서 궁궐을 보기 좋게 꾸미고 죽은 뒤에도 관과 무덤방을 화려하게 만들고 많은 옷가지를 부장하고 살아서는 높은 대를 지어 살고 죽어서도 큰 무덤 안에 누우니 백성은 밖에서 고통받는데 오직 창고만 안에 있구나." 하는 것이다. 윗사람이 그 향락을 절제하지 않으니 아랫사람이 고통을 피할 길 없다. 따라서 국가에 도적이 끓고 적이 침범하면 해를 입고, 백성은 흉년과 기근을 맞으면 망하고 마는 것이니, 이는 모두 나라가 도구를 준비하지 못한 죄이다.

故曰. 以其極賞. 以賜無功. 虛其府庫. 以備車馬衣裘奇怪. 苦其役徒. 以治宮室觀樂死又厚為棺槨. 多為衣裘. 生時治台榭. 死又修墳墓. 故民苦于外. 府庫單于內. 上不厭其樂. 下不堪其苦. 故国離寇敵則傷. 民見凶飢則亡. 此皆備不具之罪也.

🖋 나라의 지도자가 방탕과 사치에 젖어있으면 백성들의 생활이 피폐한 것은 당연한 이치이다. 그러니 이웃 나라의 공격에도 한방에 무너지고, 가뭄과 기근에 사람들이 죽어 나가는 것이다. 임진왜란 전의 우리나라가 그런 처지에 놓여 있었다고 보인다. 사람들이 미리 대비를 하지 않으니 일본의 공격 한방에 무너져 멀리 위 지역까지 임금이 도망을 쳤다. 하지만 그럼에도 우리나라가 망하지 않은 이유는 이순신을 비롯한 몇몇 사람들이 미리 대비를 하고 자신의 위치에서 최선을 다했기 때문이다. 그런 면에서 십만 양병설을 주장한 이이도 훌륭한 인물이다. 미리 앞을 내다보고 미리 대비할 것을 건의했기 때문이다. 하지만 왕을 비롯한 몇몇 신하들은 그 주장을 묵살했고 그 결과는 참혹했다. 또한 조선 말 다시 일본의 침입을 당한 것 또한 미리 대비를 하지 못한 결과라고 보인다. 이처럼 미리 대비하는 것의 중요성을 알 수 있다. 우리나라가 1997년 아이엠에프나 2009년 금융위기를 맞았던 것도 미리 경제 상황을 내다보지 못했기 때문이다. 미리 대비한다는 것은 국방이나 경제, 사회 문화에 결정적인 영향을 준다. 학생들조차 미리 앞날의 공부에 대비해야 성적이 오른다는 것은 상식으로 알 수 있는 일이다. 국가의 지도자가 그걸 소홀히 해서는 안 될 것이다.

6. 사과

❶

묵자께서 말씀하셨다. 옛 백성들이 궁궐이나 집을 알지 못할 때는 언덕에 굴을 파고 거처로 삼았다. 늘 축축하여 백성이 병드니 성왕이 궁궐과 집을 만들었다. 궁궐과 집을 짓는 법도로 말하자면 집의 높이는 축축한 것을 피할 정도면 족하고, 벽은 찬바람을 막을 수 있으면 족하고, 지붕은 눈이며 서리나 비와 이슬에 대비할 수 있으면 족하고, 궁궐의 담도 남녀를 나누는 예절을 지킬 수 있으면 족한 것이다. 이를 벗어나지 말아야 한다.

子墨子曰. 古之民. 未知爲宮室時. 就陵阜而居. 穴而処. 下潤湿傷民. 故聖王作爲宮室. 爲宮室之法. 曰. 室高足以闢潤湿. 邊足以圉風寒. 上足以待雪霜雨露. 宮牆之高. 足以別男女之礼.

✎ 성왕은 재물을 소비하며 백성들을 수고롭게 하는 것을 하지 않고 자신에게 이익이 되는 일도 하지 않았다. 백성들이 나라의 성곽을 수축하기 위해 수고를 해도 피해를 입지 않은 이유다. 일정한 기준 아래 조세를 거둔 까닭에 백성들은 재화를 소비해도 큰 탈이 없었다. 이와 같은 군주가 있다면 밑의 백성들은 행복하고 마음 놓고 살 수 있을 것이다. 지도층이 사치에 빠져서 제대로 하지 않기에 밑의 백성들이 고생한다. 지금은 옛날 같은 신분제 사회는 아니다. 하지만 보이지 않은 신분 계층이 분명 존재한다. 상류 지도층들이 자신의 이익만을 챙기려고 할 때 밑의 하류층들의 고통은 더해질 것이다. 군주가 실로 천하를 바르게 다스리고 혼란을 피하고자 한다면 절제하지 않을 수 없을 것이다.

❷

옛 백성들이 의복을 알지 못할 때는 가죽으로 옷을 삼고 풀을 엮어 허리띠를 삼아 겨울에는 따스하지 못하고 여름엔 서늘하지 못하였다. 성왕이 사람들을 딱하게 여겨 부인들에게 길쌈하는 법을 가르치니 베며 명주를 두드려 백성들의 옷을 지었다. 옷을 짓는 법도로 말하자면 겨울엔 명주를 누벼 따듯하게 하면 족하고, 여름엔 베옷을 지어 서늘하면 족하다. 이를 벗어나지 말아야 한다. 그렇기에 성인이 옷을 지을 때는 몸을 가리고 살갗을 보호하면 족하였지, 화려하게 꾸며 어리석은 백성들의 눈과 귀를 모으려고 하지 않았다.

古之民. 未知爲衣服時. 衣皮帶茭. 冬則不輕而溫. 夏則不輕而淸. 聖王以爲不中人之情. 故作誨婦人. 治絲麻梱布絹. 以爲民衣. 爲衣服之法. 冬則練帛之中. 足以爲輕且暖. 夏則絺綌之中. 足以爲輕且淸. 謹此則止. 故聖人之爲衣服. 適身体. 和肌膚. 而足矣. 非榮耳目而觀愚民也.

🖋 성왕은 옷을 입을 때 검소하게 입어야 한다고 주장했다. 그럴 때 백성들이 모두 검소해 쉽게 다스릴 수 있고 재화를 절약해 쉽게 풍족해질 수 있다고 보았다. 이를 통해 가뭄과 장마, 흉년 굶주림에 대비할 수 있다고 생각했다. 생각해보아야 할 것은 이때의 나라들은 지금처럼 풍요의 시대가 아니었다는 점을 알아야 한다. 지금의 패션의 시대이다. 어떻게 개성 있는 옷을 만드느냐에 따라 가치가 올라가곤 한다. 그럼에도 아직도 가난한 나라들이 있다. 여기서 옛 묵자의 나라와 비교해야 할 나라는 아프리카 등지의 가난한 나라들이다. 이런 나라들은 재화가 한정되어 있기 때문에 낭비와 사치를 해서는 나라가 망하고 만다. 묵자는 이 사실을 알았기에 옷을 만드는 데에서도 절제를 강조했던 것이다.

❸

　옛 백성들이 음식을 알지 못할 때는 아무 곳에서나 날것으로 먹었다. 그리하여 성인이 남자들에게 밭갈이와 나무를 심고 가꾸는 일을 가르쳐 식량으로 삼게 하였다. 음식으로 말하자면 기운을 북돋고 배고픔을 가시게 하면 족하고, 몸을 단련하여 적을 물리칠 수 있으면 그만이다. 따라서 그 재물은 아끼고 스스로를 부양하는 것은 검소하여야 백성은 부를 누리고 나라를 다스릴 수 있다.

　古之民未知爲飮食時. 素食而分処. 故聖人作誨男耕稼樹芸. 以爲民食. 其爲食也, 足以增気充虛强体適腹而已矣. 故其用財節. 其自養俭. 民富国治.

　✎ 옛사람은 검소하게 먹었지만 지금 사람은 사치스럽게 먹고 있다는 이야기이다. 그 옛날에도 잘 사는 시기가 있겠지만, 지금의 대한민국처럼 풍요로운 나라가 또 있을까 싶다. 취직이 안 되서 괴로워하는 사람은 많아도 의식주의 부족을 겪고 있는 사람은 없을 것이다. 손쉽게 시켜 먹을 수 있는 치킨, 족발, 탕수육, 짜장, 삼겹살 등 배달 음식은 또 얼마나 많은지, 다 셀 수조차 없을 정도이다. 취직이 안 되어서 괴롭다는 그 사람도 아마도 밥은 종류대로 풍요롭게 먹고 있을 것이다. 하지만 이 검소의 태도는 21세기인 지금에도 의미가 없는 것은 아니다. 외부 음식을 시켜 먹는 것보다 집에서 정갈하게 담은 음식을 먹는 것은 경제적으로도 이득일 뿐만 아니라 건강까지 챙길 수 있다. 그리고 다이어트를 하려는 사람에게도 큰 도움을 줄 것이다. 그래서 나라의 지도자들은 천하를 바르게 다스리고 혼란을 피하기 위해 음식을 먹을 때 절제하라고 말한 것이다.

❹

임금이 실로 백성이 많기를 바라고 홀로 사는 것을 싫어한다면 첩을 두는 것부터 줄여야 한다.

君実欲民之衆而悪其寡. 当蓄私不可不節.

✎ 옛날에는 군주가 여러 명의 여자를 거느리곤 했다. 이 당시 상황을 지금이랑 비교해서는 안 된다. 지금은 지도자든 보통 시민이든 간에 일부일처제가 원칙이다. 물론 이는 우리나라와 일부 나라들만 그렇고 세계적으로 다양한 결혼 제도를 가진 나라들이 많다. 옛날 묵자의 나라처럼 일부다처제를 하고 있는 국가도 있다. 하지만 이 제도의 문제점은 한 사람이 많은 여인을 독차지한다면 결혼을 못 하는 남자들이 많이 생겨나게 된다는 것이다. 결혼을 못 하는 사람이 많으니 자식이 줄어들고 백성의 수도 줄어들게 되는 것이다. 묵자는 이를 알았기에 군주가 여러 여자를 갖는 것에 대해 절제하라고 권유한 것이다. 사람은 누구나 마찬가지이다. 내 것을 더 많이 갖고자 한다. 하지만 전체 국가의 이득을 위해서는 한 사람의 과도한 욕심은 절제되는 편이 좋다.

7. 삼변

― 생략 ―

제2권

1. 상현 상

❶

그러므로 옛날 성왕이 정치하며 말씀하시길 "의롭지 않으면 부유하지 않고 의롭지 않으면 귀하지 않으며 의롭지 않으면 친밀히 대하지 않고 의롭지 않으면 가까이하지 않는다."라고 하였고 이것을 들은 나라의 부귀한 사람들이 모두 물러나 서로 말하기를 "애초에 우리가 의지한 것은 부귀였는데 지금의 임금은 의로움을 받들어 가난하고 천한 이를 피하지 않으니 우리도 의롭지 않을 수 없다."라고 하였다.

是故古者聖王之爲政也. 言曰. 不義不富. 不義不貴. 不義不親不義不近. 是以国之富貴人聞之皆退而謀曰. 始我所恃者. 富貴也. 今上擧義不辟貧賤. 然則我不可不爲義. 親者聞之. 亦退而謀曰. 始我所恃者. 親也. 今上擧義不辟疏. 然則我不可不爲義.

✎ 의롭다는 말이 무슨 말인가? 사전적 의미는 '정의를 향한 의기가 있다.'이다. 정의란 개인 간의 올바른 도리. 또는 사회를 구성하고 유지하는 공정한 도리이다. 그러므로 의롭다는 것은 개인 간에 도리 그리고 사회를 향한 도리를 의미한다. 옛 성왕은 이런 자를 등용할 것을 권했던 것이다. 그의 의지가 너무도 분명했기에 부유한 자들도 당연히 자기 자리

라 생각했던 생각을 거두고 겁을 먹고 의로워져야겠다고 생각한 것이다. 우리 사회 역시 마땅히 의로움이 살아있는 사회가 되었으면 한다. 그를 위해서는 군주부터 의로운 사람이 아니면 쓰지 않겠다는 단호한 결단이 필요하다. 단지 돈이 많다고 해서 그 사람을 쓰지 않는 행위는 지금으로 치자면 재벌이라서 그의 기업의 뒤를 봐주는 행위를 하지 않는 것을 의미한다. 이런 의로움이 있을 때 사회는 바로잡힐 것이다.

❷

따라서 옛날 성왕이 정치할 때에는 덕을 나누고 현명한 이를 존중하여 농부이든 장인이든 그 사람이 능력이 있다면 등용하여 작위를 높이고 큰 녹을 주며 일을 맡기라고 단호하게 명령하여 말씀하셨다.

故古者聖王之爲政. 列德而尙賢. 雖在農与工肆之人. 有能則擧之. 高予之爵重予之祿. 任之以事斷予之令.

✐ 옛날은 신분제 사회이다. 그럼에도 성왕은 농업이나 상공업에 종사하는 자라도 능력 있으면 발탁해 높은 작위를 내리고 두터운 녹봉을 주었다고 한다. 묵자는 이를 통해 신분제로 사람을 얽매이지 말고 자신의 능력에 따라 대접받는 사회가 되어야 한다고 주장한 게 아닐까? 묵자의 이런 사상은 '군주는 군주답게 신하는 신하답게 백성은 백성답게'라는 전통적인 동양의 주장과는 조금은 다른 것이다. 이때부터 묵자는 신분제를 타파하는 개혁적인 사상을 지녔다고 볼 수 있다. 지금 역시 차별은 남아 있지만 그렇다고 신분제 사회는 아니다. 누구나 노력에 따라 성공할 수 있는

게 지금 사회이다. 그러므로 우리는 이런 사회에 태어난 것을 감사하게 여기고 자신의 능력을 최대한 펼칠 수 있도록 노력해야 할 것이다.

❸

그렇기 때문에 묵자께서 말씀하시기를 "뜻을 얻으면 현명한 선비를 등용하지 않을 수 없고 뜻을 얻지 못하여도 현명한 선비를 등용하지 않을 수 없으니 앞서 말한 요, 순, 우, 탕의 도를 따르고자 한다면 현명한 이를 존중하지 않을 수 없는 일이다. 현명한 이를 존중하는 것은 정치의 근본이다."

得意賢士不可不擧. 不得意賢士不可不擧. 尚欲祖述堯舜禹湯之道.
將不可以不尚賢. 夫尚賢者. 政之本也.

✎ 묵자는 정치의 근본은 현자를 숭상하는 것으로 보았다. 현자는 현명한 사람을 의미한다. 서양에서는 소크라테스와 같은 사람을 현자로 생각할 수 있다. 그럼에도 소크라테스는 독배를 마시고 죽었다. 사회가 소크라테스를 죽인 것이다. 소크라테스가 가장 뛰어난 현자였음에도 불구하고 말이다. 그런 점에서 그 국가는 현명한 자를 숭상하지 못했다고 보인다. 아니 숭상하는 것은 바라지도 않겠다. 존중할 줄도 몰랐던 것이다. 이런 일은 동양에도 많았다. 동양에도 현명하고 충의가 넘치는 신하들이 많이 있었으나 그들 중 많은 이들이 목숨을 잃었다. 그들의 현명함을 바라볼 줄 모르는 군주 때문이었다. 그 나라의 발전 정도는 현명한 이들을 숭상하는가 그렇지 않은가에 달렸다. 현명한 이를 숭상하는 나라는 발

전을 그렇지 않은 나라는 쇠퇴하게 될 것이다.

2 상현 중

賢者

❶
 현명한 사람이 나라를 다스린다는 것은 출근하고 늦게 퇴근하면서 일 처리며 옥사며 정치를 행하여 국가를 다스리고 형법을 바르게 하는 것이다. 현명한 사람이 관청의 장이 된다는 것은 밤이 늦어서야 잠자리에 들고 아침 일찍 일어나면서 관문과 시장, 산림, 저수지며 건물을 관리 감독하여 관부를 부유하게 하는 것이다. 현명한 사람이 고을을 다스린다는 것은 먼저 출근하고 나중에 퇴근하면서 밭갈이와 원예, 콩과 조의 수확을 돌보아 콩과 조는 늘고 백성은 풍족하게 먹도록 하는 것이다. 따라서 국가를 다스릴 땐 형법이 바로 서고, 관부의 보물은 만인을 부유하게 한다.

賢者之治国也. 蚤朝晏退. 聴獄治政. 是以国家治而刑法政. 賢者之長官也. 夜寝夙興. 収斂関市山林沢梁之利. 以実官府. 是以官府実而財不散. 賢者之治邑也. 蚤出莫入. 耕稼樹芸聚菽粟. 是以菽粟多而民足乎食. 故国家治則刑法正. 官府実則万民富.

✎ 예나 지금이나 나라를 다스리는 데에 대한 고민은 늘 있어 왔다. 묵

자는 현명한 이를 뽑으면 그 사람으로 인해 나라가 잘 다스려질 것이라고 믿었다. 나라가 잘 다스려진다는 것은 법령이 바로 서고 창고에도 재물이 풍족해 백성들이 부유해짐을 의미한다. 공자도 말했듯이 나라의 다스림의 첫째는 백성을 부유하게 하는 것이다. 이에 묵자도 그 의견에 동의한 것 같다. 예의는 부유하게 하는 것 다음이라는 게 공자의 생각이었다. 묵자 역시 좋은 관리를 뽑으면 밤낮으로 열심히 노력하고 그 사람에 의해 나라가 발전할 것을 믿었다. 회사나 국가나 마찬가지이다. 인재가 제일이다. 좋은 사람이 있을 때 그 조직은 발전한다. 짐 콜린스의 『좋은 기업을 넘어서 위대한 기업으로』라는 책을 보면 기업에 중요한 것은 올바른 구성원을 선택하는 것이라는 말이 나온다. 교육계에서도 이런 말이 있다. "교육의 질은 교사의 질을 뛰어넘을 수 없다."라는 말이다. 이는 교사라는 인재 자체가 얼마나 중요한지를 말해준다. 관리도 마찬가지인 것이다.

❷

왕공대인은 아첨하는 자의 얼굴을 보고 총애하며 부린다. 이는 마음속으로 그들의 지혜는 살피지 않은 채 총애하는 것이다. 백 명도 다스리지 못하는 자를 천 명을 다스리는 자리에 앉히고 천 명을 다스리지 못하는 자를 만 명을 다스리는 자리에 앉히는 게 그렇다. 이는 무슨 까닭인가? 대답은 이렇다.

그런 자리에 앉는 자는 작위도 높고 녹봉도 많다. 모두 아첨하는 자의 얼굴을 보고 총애하며 부린 탓이다.

且夫王公大人. 有所愛其色而使. 其心不察其知. 而与其愛. 是故不能治百人者. 使処乎千人之官. 不能治千人者. 使処乎万人之官. 此其故何也. 曰. 処若官者. 爵高而祿厚. 故愛其色而使之焉.

📖 아첨하는 자보다 지혜로운 자를 중요한 자리에 임명하면 나라가 잘 다스려진다는 것은 누구나 아는 사실이다. 하지만 그렇지 않은 경우가 많은 이유가 무엇일까? 그것은 지혜로운 자는 군주가 듣기 싫어하는 말을 하기 때문이 아닐까? 지혜가 있기에 바르지 못한 점을 알고 그것을 지적하다 보니 미움을 사게 되는 것이다. 아첨하는 자는 다 알면서도 기분 좋은 말만 듣기 좋게 한다. 그러니 별로 능력이 없음을 알면서도 그 사람을 중요한 자리에 임명하는 것이다. 우리는 그러므로 듣기에 거슬리는 말을 하는 사람의 말을 주의 깊게 들어야 한다. 그런 사람이야말로 우리에게 보물을 안겨줄 사람이다. 그런 사람의 말을 듣고 자신을 반성할 때 내가 달라지고 나라가 달라진다.

❸

부귀하면서도 현명해 하늘로부터 상을 받은 자는 누구인가? 대답은 이렇다. 옛날 삼대의 성왕인 요, 순, 우, 탕, 문왕 및 무왕과 같은 사람이 바로 당사자이다.

그들이 포상을 받은 까닭은 무엇인가? 대답은 이렇다. 그들은 천하를 다스리면서 모든 사람을 두루 사랑하고 바라는 바대로 모두 이롭게 해주었다. 천하 만민을 이끌고 하늘을 존경하면서 귀신을 섬기고 만민을 두루 사랑하면서 이롭게 해준 덕분이다.

然則富貴爲賢. 以得其賞者. 誰也. 曰. 若昔者三代聖王. 堯舜禹湯文武者. 是也. 所以得其賞. 何也. 曰其爲政乎天下也. 兼而愛之. 從而利之. 又率天下之万民. 以尚尊天事鬼. 愛利万民.

📖 삼대의 성왕은 천하를 다스리며 두루 사랑하고 백성들을 이롭게 해 주었다. 그 결과로 귀신과 하늘로부터 상을 받아 천자가 되어 백성의 부모가 되었다. 군주와 백성과의 관계는 부모와 자식 간의 관계와 같다. 부모가 사랑으로 자식을 키울 때 자식이 편안히 자라나듯이 백성을 사랑하는 군주가 있을 때 그 백성이 평안히 자기 일을 하면서 살아갈 수 있다. 하지만 긴 역사 속에서 백성들이 행복하게 살던 시기가 얼마나 있었을까? 아마도 적을 것이다. 지금도 각 나라의 사람들은 행복하지 않다. 최근에는 코로나라는 질병이 돌면서 사람들의 행복지수를 떨어뜨려 놓고 있다. 인류는 전쟁과 기아, 전염병, 테러 등의 위협으로부터 안전하지 않다. 앞으로도 우리나라가 해야 할 일은 많다는 이야기이다. 사람들이 평화롭고 안전하게 살아가기를 원한다면 훌륭한 지도자를 뽑아 힘을 합쳐 인류의 문제를 대비해야 할 것이다.

3. 상현 하

옛날 요 임금이 순임금을 발탁하고 탕왕이 이윤을 등용하고 은나라 고종이 부열을 등용한 것이 어찌 골육의 친분이 있거나 공도 없이 부귀한 자이거나 이목이 수려한 자였기 때문이었겠는가? 오직 그들의 말을 법도로 삼고 그들이 계책을 채용하고, 그들의 도를 실행했을 뿐이다. 위로 하늘을 이롭게 하고 가운데로 귀신을 이롭게 하고, 아래로 사람들을 이롭게 할 수 있었던 이유다. 사람들이 그들을 추대해 왕으로 삼은 것도 바로 이 때문이다.

是故昔者堯之擧舜也. 湯之擧伊尹也. 武丁之擧傅説也. 豈以爲骨肉之親. 無故富貴. 面目美好者哉. 惟法其言. 用其謀. 行其道. 上可而利天. 中可而利鬼. 下可而利人. 是故推而上之.

🖋 현명한 사람은 외모를 보거나 친족이다거나, 부귀하다고 해서 그 사람을 높은 자리에 임명하지 않는다. 그 사람이 아니라 법도가 있고 계책이 있고 도를 실행하는 사람을 발탁하고 등용했다. 그렇게 좋은 사람을 발탁했기에 그들은 왕의 자리에 오를 수 있었던 것이다. 현대에도 취직을 위해 치열한 경쟁이 펼쳐지고 있다. 남보다 조금이라도 나으려고 성형을 받는 경우도 있다. 성형 수술은 얼굴을 고치는 것인데 어찌 사람이 외모로만 평가받겠는가? 진정 사람 볼 줄 아는 사람이라면 이목이 수려하다고 그 사람을 등용하지 않는다. 하지만 지금도 친분이 있거나 돈을 받고 취업을 알선하는 경우가 있다. 하지만 그 방법은 옳지 않다. 진정 나라나 사회가 잘되려면 현명한 사람을 뽑아 높은 자리에 앉혀야 한다.

제3권

1. 상동 상

❶

묵자가 말했다. 옛날 인류가 처음으로 나타나 아직 정치가 존재하지 않았을 때는 대략 똑같은 말도 사람마다 모두 그 뜻이 달랐다. 1명이면 1가지 2명이면 2가지 10명이면 10가지 뜻이 있었던 이유다. 사람이 많아지면 말하는 뜻 또한 많아졌다. 사람들이 자신의 뜻이 옳다고 여기고 남의 뜻은 비난했다.

子墨子言曰. 古者民始生. 未有刑政之時. 蓋其語人異義. 是以一人則一義. 二人則二義. 十人則十義. 其人茲衆. 其所謂義者亦茲衆. 是以人是其義. 以非人之義. 故交相非也.

✎ 정치가 없었던 옛날은 어땠을까? 무척 혼란스럽지 않을까? 지금 정치라고 하면 고개를 절레절레 지을 사람이 많다. 그만큼 엉망이라는 뜻이다. 하지만 정치가 없었던 옛날에는 사람이 짐승과 같아 매우 어지러웠다. 아리스토텔레스는 인생이 정치라고 하였다. 인간에게 있어 정치는 필수 불가결한 일이다. 단지 일부의 국회의원이 하는 것이 정치가 아니라는 이야기이다. 우리는 이 정치를 이용해 더욱 행복하게 살 수 있다. 대다수의 우리가 할 수 있는 것은 투표이다. 각 개인이 한 표를 행사한다는

것은 긴 역사적으로 보았을 때 대단한 위치에 있는 것이다. 투표권이 행사된 것은 18세기에 코르시카 공화국이 25세 이상의 모든 시민에게 제한적 보통선거권을 실시한 것을 최초라고 본다. 여성의 투표권은 1893년 영국 식민지였던 뉴질랜드가 자치국가로서 처음으로 시작하였다. 이처럼 소중한 자신의 투표권을 행사하여 자신의 권리를 지켜나가는 사람이 되기를 바란다.

❷

선하거나 선하지 않은 것을 들으면 모두 윗사람에게 고하도록 하라. 윗사람이 옳게 행하면 반드시 옳다고 하고 그르게 행하면 반드시 그르다고 해야 한다. 윗사람에게 허물이 있으면 바르게 간하고 아랫사람 가운데 선한 자가 있으면 널리 군주에게 추천한다. 윗사람과 함께 하면서 아랫사람과 붕당을 만들지 않는 자는 곧 윗사람이 상을 내리고 아랫사람이 칭송할 자이다.

聞善而不善. 皆以告其上. 上之所是. 必皆是之. 所非. 必皆非之. 上有過則規諫之. 下有善則傍薦之. 上同而不下比者. 此上之所賞. 而下之所譽也.

✎ 옛날에는 군주, 신하, 백성이었다면 요즘은 대통령, 국회의원, 시민이라고 볼 수 있다. 우리는 국회의원들이 하는 것을 보고 그에 대한 평가를 내려야 한다. 그 평가는 바로 선거이다. 우리는 국회의원들이 잘하는 게 있다면 잘하는 것을 인정하고 잘못된 것이 있으면 잘못되었다고 말해

야 한다. 가장 안 좋은 것은 무관심이다. 정치가 썩었거나 무능하다고 아예 관심에서 벗어나는 일. 선거 날에는 놀러 가는 날로 생각하는 일은 정치를 더욱 안 좋게 만드는 지름길이다. 우리는 정치에 보다 관심을 갖고 우리의 권익과 미래를 위해 자신의 권리를 행사하고 지속적인 감시를 통해 그들이 제대로 일을 하고 있는지를 평가해야 한다. 그리고 잘못된 국회의원은 마땅히 벌을 받아야 할 것이다.

❸

선하거나 선하지 못한 것을 들으면 반드시 군주에게 고하도록 하라. 군주가 옳게 행하면 반드시 옳다고 하고 그르게 행하면 반드시 그르다고 해야 한다. 그대의 선한지 않은 말을 버린 채 군주의 선한 말을 좇고 그대의 선하지 못한 행동을 버릴 때 군주의 선한 행동을 배우도록 하라.

> 聞善而不善. 必以告天子. 天子之所是皆是之. 天子之所非. 皆非之.
> 去若不善言. 学天子之善言. 去若不善行. 学天子之善行.

✎ 군주가 옳게 행하면 옳다고 하는 것은 어려운 일이 아니다. 하지만 군주가 그르게 행할 때 그르다고 하는 일은 쉬운 일이 아니다. 왜냐하면 군주의 눈 밖에 날 수 있기 때문이다. 심하면 목숨을 잃을 수도 있다. 지금이야 대통령 욕도 하지만 옛날에는 목숨이 위험할 수도 있었다. 그럼에도 불구하고 묵자는 군주에게 바른말을 고해야 한다고 주장했다. 이는 목숨을 걸고 정치를 하라는 이야기였다. 군주는 아첨꾼들을 좋아한다. 아첨꾼이 하는 말은 달콤하기 때문이다. 하지만 강직한 선비의 말은

듣기가 거슬린다. 옳다는 것을 알면서도 멀리하고 싶다. 그렇기에 옛날이나 지금이나 왕 곁에는 무능한 간신배들이 들끓는다. 이 사실을 아는 현명한 선비는 이를 알아 충성스러운 마음으로 조심스럽게 자신의 의견을 고해야 할 것이다.

2. 상동 중

❶

이미 천자의 뜻과 하나로 묶였는데도 하늘의 뜻과 하나로 묶이지 못하면 곧 하늘의 재앙은 그치지 않을 것이다. 하늘이 추위와 더위를 계절에 맞게 내리고, 눈과 서리 및 비와 이슬을 제때에 맞지 않게 내리고, 오곡이 제대로 익지 않고 가축들이 제대로 자라지 않고, 질병과 전염병 등이 만연하거나 회오리바람과 소낙비가 심하게 내리는 게 그렇다. 이는 모두 하늘이 내리는 벌이다. 아랫사람들이 하늘을 숭상하지 않고 하나로 묶이지 않는 것을 벌주려는 것이다.

夫既尚同乎天子. 而未上同乎天者. 則天災將猶未止也. 故当若天降寒熱不節. 雪霜雨露不時. 五谷不孰. 六畜不遂. 疾菑戾疫. 飄風苦雨. 薦臻而至者. 此天之降罰也. 以將罰下人之不尚同乎天者也.

✐ 묵자는 백성들이 천자와 뜻을 함께할 것과 하늘의 뜻을 따를 것을 말했다. 만일 백성이 하늘의 뜻을 따르지 않는다면 하늘의 재앙이 올 것

이라고 했다. 이 부분은 요즘의 과학으로 생각하면 조금은 구시대적이라고 볼 수 있을 것이다. 옛날에는 하늘의 기후를 예측할 수 없었기에 눈과 비가 하늘의 뜻이라고 생각했으나 요즘에는 비나 눈을 어느 정도 예측할 수 있기 때문이다. 전염병이나 질병 등도 옛날에는 하늘이 내리는 벌이라고 생각했을지 모르지만, 지금은 이미 과학적으로 치료가 가능한 상태이다. 그런 점에서 인류는 과거에 비하면 조금은 발전하지 않았나 싶다. 그리고 그 발전은 정치 체계나 사회 문화적 변화보다는 과학기술에 힘입은 바가 크다.

하지만 그렇다고 묵자를 구시대 사람으로 미신이나 믿고 있다고 보는 것은 무리이다. 당시의 상황에서 바라보자면 하늘의 뜻을 신성시하고 조심스럽게 살아가는 것은 그 당시로는 현명한 지혜라고 할 수 있다.

❷
옛 성왕은 하늘과 귀신이 무엇을 원할지 훤히 알았다. 하늘과 귀신이 미워하는 것을 피함으로써 천하의 이익을 구하고 재해를 없애려 한 게 그렇다. 천하 만민을 이끌고 목욕재계한 뒤 정성껏 단술 등의 제물을 마련해 하늘과 귀신에게 제사를 지냈다.

故古者聖王. 明天鬼之所欲. 而避天鬼之所憎. 以求興天下之害. 是以率天下之万民. 齊戒沐浴. 潔爲酒醴粢盛. 以祭祀天鬼.

✎ 하늘과 귀신에게 제사를 지낸다고 하니 미신으로 생각할 사람도 있을 것이다. 그렇다면 묵자는 구시대적인 사람일까? 물론 묵자는 옛사람

이다. 하지만 지금 현대에 와서도 지진과 쓰나미와 같은 자연 재해를 예측하지 못하고 크게 피해를 보는 것을 생각한다면 묵자의 자연에 대한 경외심과 하늘의 뜻을 살피고자 하는 겸손함이 그 시대 사람에게는 유익했다는 사실을 알게 된다. 최근에 과학기술은 많이 발달했지만 여전히 자연과 하늘의 뜻에 민감하고 겸손함을 통해 우리는 경외하는 마음을 지녀야 할 것이다.

3. 상동 하

윗사람이 정사를 펼 때 아랫사람들의 실정을 파악하면 다스려지고, 그렇지 못하면 어지러워진다는 뜻이다. 무엇으로 그렇다는 것을 알 수 있는가? 윗사람이 정사를 펴면서 아랫사람의 실정을 파악한다는 것은 곧 백성들의 선행과 비행에 밝다는 것을 의미한다. 실로 백성의 선행과 비행에 밝다면 곧 선한 자를 파악해 상을 주고 포학한 자를 파악해 벌을 줄 것이다. 선한 자가 상을 받고 포학한 자가 벌을 받는다면 나라는 반드시 잘 다스려질 것이다.

上之爲政. 得下之情則治. 不得下之情則亂. 何以知其然也. 上之爲政. 得下之情. 則是明于民之善非也. 若苟明于民之善非也. 則得善人而賞之. 得暴人而罰之也. 善人賞而暴人罰. 則國必治.

✐ 묵자는 윗사람이 아랫사람의 실정을 잘 파악해야 한다고 주장했다. 아랫사람의 선행과 비행을 잘 파악해 그에 따른 상과 벌을 줄 때 나라는 반드시 잘 다스려진다고 한 것이다. 이 점에서 묵자는 윗사람의 중요성에 대해 말하고 있는 것 같다. 각 조직에는 윗사람이 있다. 회사라면 사장이 있고 학교라면 관리자들이 있고 정부라면 고위직 관리들이 있다. 윗사람들은 아랫사람에 대해 빠삭하게 잘 알고 있어야 한다. 윗사람이 아랫사람에게 무관심하다면 아랫사람은 잘 다스려지지 않을 것이고 어지러워질 것이다. 그래서 윗사람은 아랫사람에게 지대한 관심을 가지고 잘하는지 못하는지 알아서 평가하고 보상을 해야 한다. 상벌제의 보상은 간단한 것이지만 효과는 확실하다. 누구나 상을 원하고 벌은 원하지 않는다. 이를 안다면 인간 심리를 이용해 사람을 잘 다뤄 더 나은 조직이 될 수 있을 것이다.

❷

만일 천하를 사랑하고 이롭게 하는 자를 보면 반드시 고하고 천하를 미워하고 해치는 자를 보아도 반드시 이를 고하도록 하라. 천하를 사랑하고 이롭게 하는 자를 보고 이를 고하면 이 또한 천하를 사랑하고 이롭게 하는 것이다. 윗사람이 이를 알면 상을 내리고 중인은 이를 들으면 칭찬해준다. 천하를 미워하고 해치는 자를 보고도 이를 고하지 않으면 이 또한 천하를 미워하고 해치는 짓이다. 윗사람은 이를 알면 벌을 내리고 중인은 이를 들으면 비난토록 한다.

若見愛利天下者. 必以告. 若見惡賊天下者. 亦以告. 若見愛利天下以告者.

亦猶愛利天下者也. 上得則賞之. 衆聞則譽之. 若見惡賊天下不以告者.
亦猶惡賊天下者也. 上得且罰之. 衆聞則非之.

   윗사람은 아랫사람의 잘한 점과 못한 점을 잘 알아야 한다고 말한 바 있다. 하지만 이는 쉽지 않은 일이다. 윗사람이 아랫사람을 속속들이 파악하기란 쉽지 않다. 그래서 여기서는 잘한 점을 알리고, 못한 점 또한 알리라고 말하고 있다. 잘한 점을 알리는 것 자체가 선이 되고, 잘못한 점을 알리지 않은 것 자체가 악이 된다는 것이다. 이는 고자질이 아니다. 칭찬할 것을 칭찬하고 벌줄 것을 벌을 받자는 확실한 결단이다. 이처럼 사람들이 상과 벌을 구분해 정확히 그것을 받게 된다면 감히 함부로 행동하지 못할 것이고 나라도 잘 다스려질 것이다.

제4권

1. 겸애 상

❶

성인은 천하를 다스리는 일에 종사하는 까닭에 반드시 혼란이 일어나는 까닭을 잘 알아야 한다. 그래야 천하를 제대로 다스릴 수 있기 때문이다. 그렇지 못하면 천하를 제대로 다스릴 길이 없다. 비유하면 마치 의원이 사람의 병을 고치는 것과 같다. 의원도 반드시 병이 생겨난 까닭을 알아야 병을 고칠 수 있으니 그렇지 못하면 고칠 길이 없다. 혼란을 다스리는 것이 어찌 일찍이 이와 같지 않은 적이 있었는가? 반드시 혼란이 일어나는 까닭을 알아야 천하를 다스릴 수 있으니 그렇지 못하면 다스릴 길이 없다. 성인은 천하를 다스리는 일에 종사하는 까닭에 혼란이 일어나는 까닭을 반드시 잘 살피지 않으면 안 된다.

聖人以治天下爲事者也. 必知亂之所自起. 焉能治之. 不知亂之所自起. 則不能治. 譬之如医之攻人之疾者然. 必知疾之所自起. 焉能攻之. 不知疾之所自起. 則弗能攻. 治亂者何独不然. 必知亂之所自起. 焉能治之. 不知亂之所自起. 則弗能治.

✎ 성인이 나라를 다스리는 데 혼란이 일어난 까닭을 알아야 한다고 한다. 이는 마치 의원이 환자의 병을 알아야 고칠 수 있는 것에 비유했

다. 성인을 의사에 혼란스러움을 병에 비유한 것이 새롭다. 성인은 바꿔 말하자면 나라의 병을 고치는 의사이고, 혼란스러움은 병의 결과물인 것이다. 그렇다면 성인은 뛰어난 의사가 되어야 할 것이다. 서양에서는 플라톤의 『국가』라는 책을 보면 국가의 수호자를 교육하기 위한 단계가 나온다. 여기서 그것을 다 설명할 수 없지만, 수호자가 될 아이는 오랜 기간과 많은 과목을 배움으로써 국가를 수호하는 수호자의 경지에 오르게 된다. 이를 철인이라고 부른다. 그렇다면 동양에서의 제왕 교육은 어떠한 것이 있었을까? 우리나라로 치자면 이이의 『성학집요』, 이황의 『성학십도』와 같은 책이 제왕을 위해 학자들이 바친 책이다. 동양과 서양 구분 없이 왕좌에 오르기 위해서는 많은 공부와 많은 수련이 필요했다. 서양에서는 마키아벨리가 군주들을 위한 『군주론』을 써서 군주에게 바치기도 했다. 우리는 과거의 동서양 책들을 잘 살펴보면서 오늘날의 군주에게 필요한 내용이 어떤 것인지를 잘 살펴볼 필요가 있다. 시대는 달라져도 통치 이념이나 방식은 크게 변화한 게 없기 때문이다.

❷

일찍이 혼란이 어디서 비롯됐는지 살펴본 적이 있는가? 서로 사랑하지 않는 데서 비롯된 것이다. 신하와 자식이 군주와 부모에게 불효하고 불경한 것을 일컬어 '난'이라고 한다. 자식은 자신만 사랑하고 부모를 사랑하지 않는 까닭에 부모를 해치면서 자신을 이롭게 한다. 아우 또한 자신만 사랑하고 형은 사랑하지 않은 까닭에 형을 해치면서 자신을 이롭게 한다. 신하 역시 자신만 사랑하고 군주는 사랑하지 않는 까닭에 군주를 해치면서 자신을 이롭게 한다. 이것이 바로 난이다. 부모가 자식에게 형이 아우에게 구주가 신하에게 자애롭지 않은 것 역시 천하의 난에 해당한다.

当察亂何自起. 起不相愛. 臣子之不孝君父. 所謂亂也. 子自愛. 不愛父. 故虧父而自利. 弟自愛. 不愛兄. 故虧兄而自利. 臣自愛. 不愛君. 故虧君而自利. 此所謂亂也. 父自愛也. 不愛子. 故虧子而自利. 兄自愛也. 不愛弟. 故虧弟而自利. 君自愛也. 不愛臣. 故虧臣而自利. 是何也.

✎ 묵자는 혼란이 군주와 신하, 부모와 자식, 형과 동생이 서로를 사랑하지 않아서 생긴 것으로 보았다. 묵자의 사상은 아름답고 이상적이지만 현실적이지는 않다는 생각이 든다. 왜냐하면 우리 모두는 이기적인 존재이기 때문이다. 자신만 생각하고 남을 사랑하지 않은 사람들이 이해가 된다. 그럼에도 불구하고 나보다 남을 사랑하라고 묵자가 권한 까닭은 무엇일까? 그것은 남보다 남을 사랑하는 사회가 되었을 때 진정 평화가 오고 살기 좋아지며 희망찬 사회가 될 것이라는 묵자의 기대 때문이 아닐까? 각자 서로를 사랑했을 때야말로 자신을 사랑하는 것 이상의 이익을 얻게 되고 정신적으로도 풍요로워지는 일이 생기기 때문이다. 나보다 남을 사랑하는 것은 손해이다. 자신만 사랑하는 것은 작은 이익이다. 서로를 사랑할 때 가장 큰 이익이다. 이는 공리주의적으로 보았을 때도 서로를 사랑하는 게 이득이 된다는 것을 알 수 있다. 물론 묵자는 이득을 생각하지 않았겠지만, 서로 사랑하라는 주장은 사람들이 사는 데 도움이 됨을 알 수 있다.

❸

천하의 도적일지라도 또한 그러하다. 도적은 자신의 집안만 사랑하고 다른 집안은 사랑하지 않은 까닭에 다른 집안의 것을 훔쳐 자신의 집을 이롭게 한다. 도적이 자신만 사랑하고 남은 사랑하지 않는 까닭에 남을 해치면서 자신을 이롭게 한다. 이는 무슨 까닭인가? 모두 서로 사랑하지 않은 데서 비롯된 것이다. 대부들이 서로 남의 집안을 어지럽히고 제후들이 서로 남의 나라를 공격하는 것 역시 그러하다. 대부들이 자신의 집안만 사랑하고 남의 집안은 사랑하지 않은 까닭에 남의 집안을 어지럽히면서 자신의 집안을 이롭게 한다. 제후들은 자신의 나라만을 사랑하고 남의 나라는 사랑하지 않은 까닭에 남의 나라를 공격하면서 자신의 나라를 이롭게 한다. 천하를 어지럽히는 것은 여기서 비롯된 것이다. 이것이 어디서 비롯된 것인지 자세히 살펴보도록 하라. 모두 서로 사랑하지 않는 데서 비롯된 것이다.

雖至天下之為盜賊者亦然. 盜愛其室. 不愛其異室. 故竊異室以利其室. 賊愛其身不愛人. 故賊人以利其身. 此何也. 皆起. 不相愛.

🖋 묵자는 도적과 대부, 제후들에게 서로 사랑할 것을 말했다. 이게 얼마나 말이 안 되는지 먼저 생각해보자. 도적이 도둑질당하는 집의 안위를 살펴야 하고, 대부가 남의 집안을 먼저 사랑해야 하고, 제후가 남의 나라를 사랑하라고 말한다. 지금 이 시대에도 이것은 말이 되지 않는다. 그러면 도적은 존재하지 않고 남의 집과 내 집이 하나가 되면 소유권이 아예 없어져 버린다. 이는 흡사 초기 공산주의 사회와도 같다. 남의 나

라를 사랑하는 것에 대해 생각해보자. 예를 들어 우리나라 국민이 먼저 중국의 국민들을 생각해야 한다는 것이다. 현실적으로 무척이나 이루어지기 힘든 일이다. 지금에 와도 말이 안 되는 주장인데, 그 당시에는 오죽했을까? 그래서 묵자는 일종의 몽상가처럼 보인다. 하지만 묵자는 그런 자신의 가르침을 믿었고 이는 흡사 성인의 가르침과도 같다. "네 이웃을 사랑하라."라는 예수의 모습이 묵자 안에서 발견되는 것이다. 그래서 묵자는 범인으로서는 도저히 따라잡을 수 없는 높은 사상을 지녔다고 볼 수 있다.

2. 겸애 중

❶

천하의 사람들이 모두 서로 사랑하면 강자가 약자를 억누르거나 다수가 소수를 겁박하거나 부자가 빈자를 업신여기거나 귀인이 서민을 오만하게 대하거나 약은 자가 어리석은 자를 속이거나 하는 일이 없게 된다. 무릇 천하의 화난과 찬탈, 언망, 통한이 빚어지지 않도록 하는 것은 오직 서로 사랑하는 방식으로만 가능하다. 이진 사람이 이를 칭송하는 이유나.

天下之人皆相愛. 強不執弱. 衆不劫寡. 富不侮貧. 貴不敖賤. 詐不欺愚. 凡天下禍篡怨恨. 可使毋起者. 以相愛生也. 是以仁者譽之.

 현대의 많은 문제점이 과거에도 있었나 보다. 강자가 약자를 누르는 것을 보자. 지금의 시대 상황과 절묘하게 맞아 떨어진다. 과거부터 강자는 약자를 억눌러 왔다. 하지만 서로 사랑하게 되면 이게 해소된다는 것이다. 귀인이 서민을 오만하게 대하는 것도 마찬가지이다. 지금 직장에서 갑질로 인해 고통을 호소하는 사람이 얼마나 많은가? 이게 서로 사랑하면 없어진다는 것이다. 약자가 어리석은 자를 속이는 경우도 마찬가지이다. 지금 보이스피싱 등 사기꾼들에 의한 피해자가 얼마나 많은가? 하지만 서로 사랑하면 이게 해소된다는 것이다. 그래서 묵자는 어진 사람은 서로 사랑하는 것을 칭송한다고 말한 것이다.

❷

지금 천하의 사군자는 이같이 말한다. 과연 그렇다 두루 사랑하는 것은 실로 좋은 일이다. 비록 그렇기는 하나 그것은 지극히 어렵고 천하의 그 어떤 일보다 더 우원한 일이다.

묵자가 말했다.

천하의 사군자는 두루 서로 사랑하는 일의 이익을 알지 못하고 그 배경을 분별하지 못하고 있다. 지금 병사들은 성을 공격하기 위해 들판에서 전쟁할 때 자기 몸을 내 던지며 명성을 이루고 있다. 이는 천하의 백성들이 모두 어렵게 생각하는 일이나 군주가 이를 좋아하기에 병사들 모두 그러는 것이다. 하물며 두루 서로 사랑하고 이롭게 하는 일이 이와 비교할 수 없을 정도로 좋은 일이니 더 말할 게 없다.

무릇 남을 사랑하는 자는 반드시 남도 그를 좇아 사랑하고 남을 이롭게 하는 자는 반드시 남도 그를 좇아 이롭게 해준다. 남을 미워하는 자는 반드시 남도 그를 좇아 미워하고 남을 해치는 자는 반드시 남도 그를 좇아 해치게 된다. 두루 사랑하며 이롭게 하는 일에 무슨 어려움이 있겠는가? 단지 군주가 이를 정사에 도입하지 않고 선비가 실행하지 않고 있을 뿐이다.

然而今天下之士. 君子曰. 然. 乃若. 兼則善矣. 雖然. 天下之難物于故也. 子墨子言曰. 天下之士君子. 特不識其利. 辯其故也. 今若夫攻城野戰. 殺身爲名. 此天下百姓之所皆難也. 若君說之. 則士衆能爲之. 況于兼相愛. 交相利. 則与此異. 夫愛人者. 人必從而愛之. 利人者. 人必從而利之. 惡人者. 人必從而惡之. 害人者. 人必從而害之. 此何難之有. 特上弗以爲政. 士不以爲行. 故也.

✎ 사군자는 묵자의 서로 사랑하라는 주장이 불가능한 것이라고 했지만, 묵자는 서로 사랑하는 것이 병사들이 명성을 얻는 것보다 훨씬 더 좋은 일이라고 주장했다. 여기서 묵자의 확신에 가까운 겸애설을 느낄 수 있다. 그는 사랑하면 사랑받고 도움을 주면 도움을 받는다는 것에 대한 확신에 가까운 믿음이 있었나 보다. 미워하면 미움받고 해치면 해침을 받는 것에 대한 믿음도 있었다. 하지만 현실이 그러한가? 사랑해도 미움받을 수도 있고 배신당할 수도 있다. 이를 보았을 때 묵자의 사상은 현실에 적용하기는 쉽지 않은 사상이다. 하지만 서로 사랑하라는 주장은 묵자의 고유한 사상이므로 주의 깊게 살펴볼 필요가 있다. 공맹의 가르침은 명예를 구하는 것이지만 묵자의 가르침은 명예를 구하는 것과는 거리가 멀었다. 그는 현실에서 백성들이 사랑하고 사랑받고 행복한 것을 바랐다. 이는 한 노인이 가족의 행복을 바라는 마음과 비슷하지 않은가?

그렇기에 묵자의 사상은 소박하면서도 따뜻한 정이 흐른다.

❸

신하들이 절식하고 해진 옷을 입고 명성을 얻는 것은 천하의 백성들 모두 어렵게 여기는 일이지만 실로 군주가 이를 좋아하면 백성들은 능히 이를 행한다. 하물며 두루 서로 사랑하고 이롭게 해주는 일은 이와 비교할 수도 없이 좋은 일이니 더 말할 게 없다.

是故子墨子言曰. 乃若夫少食惡衣. 殺身而爲名. 此天下百姓之所皆難也. 若苟君說之. 則衆能爲之況. 兼相愛. 交相利. 与此異矣.

✎ 신하들은 어려운 일일지라도 군주가 이를 좋아하면 능히 해낸다. 그 것은 명성을 얻기 위함이다. 하지만 두루 사랑하라는 가르침은 이보다 훨씬 더 좋은 것이라고 말한다. 단지 이게 행해지지 않은 것은 군주가 이를 정사에 도입하지 않고 선비가 이를 실행하지 않고 있을 뿐이라고 말했다. 묵자는 단지 골방 사상가가 아니었다. 자신의 사상을 현실에서 구현할 수 있는 길을 찾고 있었다. 공자가 자신의 사상을 받아들일 나라를 찾아 헤맸듯이 묵자 역시 자신의 사상의 현실적인 실현을 꿈꾸었을 것이다. 묵자의 사상은 묵자가 살던 시대에 현실에서는 반영되지 않았을지는 모르지만, 그의 사상은 아직도 우리에게 전해 내려오기 때문에 언젠가 묵자의 사상이 실현된 나라를 그려볼 수 있을 것이다. 그 나라는 아마 행복하고 사랑에 넘칠 것으로 기대된다.

3. 겸애 하

❶

묵자는 이와 같이 말했다. 두루 아우르는 것으로 차별하는 것을 대신하라.

두루 아우르는 겸애로 차별하는 것을 대신할 수 있는 이유는 무엇인가? 이같이 대답할 수 있다. 남의 나라를 자신의 나라처럼 위하면 누가 홀로 자신의 나라를 동원해 남의 나라를 공격하겠는가? 남을 위하는 것은 자신을 위하는 데에서 비롯된다. 남을 도읍을 자신의 도읍처럼 위하면 누가 홀로 자신의 도읍을 동원에 남의 도읍을 정벌하겠는가? 남을 위하는 것은 자신을 위한 것과 같다. 남의 집안을 자신의 집안처럼 위하면 누가 홀로 자신의 집안을 동원에 남의 집안을 침범하겠는가? 남을 위하는 것은 곧 자신을 위하는 것과 같기 때문이다. 나라와 도읍이 서로 공벌하지 않고 사람과 집안이 서로 침범하거나 해치지 않을 경우 이는 천하의 폐해가 되는 것인가 아니면 천하의 이익이 되는 것인가? 반드시 천하의 이익이 된다고 말할 것이다.

兼以易別. 然即兼之可以易別之故. 何也. 曰. 藉爲人之国. 若爲其国. 夫雖独挙其国以攻人之国者哉. 爲彼者由爲已也. 爲人之都. 若爲其都. 夫誰独挙其都. 以代人之都者哉. 爲彼猶爲已也. 爲人之家. 若爲其家. 夫誰独挙其家. 以亂人之家者哉. 爲彼猶爲已也. 然即国都不相攻伐. 人家不相亂賊. 此天下之害与. 天下之利与. 即必曰天下之利也.

❶ 묵자는 서로 사랑하라는 주장에 대한 강한 믿음이 있었다. 남을 대하기를 자신을 대하는 것처럼 한다면 서로에게 이익이 되어 천하에 이익이 된다고 믿었다. 세상에 그런 아름다운 일이 일어나면 좋겠지만 현실은 그렇지 않은 것 같다. 지금도 침략 전쟁이 계속 일어나기 때문이다. 미국이 벌인 전쟁은 엄연한 침략 전쟁이다. 미국은 베트남, 아프가니스탄, 이라크 등을 침공했다. 서로 사랑하고 서로 이득이 된다는 주장에 의한다면 왜 남의 나라를 침략하고 공격하겠는가. 하지만 그로 인해 미국 역시 피해를 많이 봤다는 것을 생각한다면 묵자의 겸애설을 자꾸만 떠올리게 되는 것이다. 하지만 국가 간의 다툼에 있어 전쟁을 막는 가장 좋은 방법은 튼튼히 군대를 대비하는 것이라고 생각한다. 모두가 무기를 버리고 평화시대를 맞게 된다는 것은 너무 이상적인 것 같다. 현실적으로 강한 무기를 바탕으로 강건히 지키고 있을 때 감히 쳐들어올 생각을 못 하고 평화를 유지하는 데 더 도움이 될 것이다.

❷

겸애는 곧 인의를 행하는 것이다. 그러나 어찌 이를 행할 수 있겠는가? 비유하면 겸애는 마치 태산을 옆에 끼고 장강이나 황하를 건너는 것과 같다. 겸애는 바람직한 것이기는 하나 어찌 이를 실행할 수 있겠는가?

묵자가 말했다. 태산을 옆에 끼고 장강이나 황하를 건너는 일은 예로부터 지금까지 사람이 생긴 이래 실행한 자가 없다. 그러나 지금 두루 서로 사랑하며 이롭게 하는 일은 옛날 6명의 성왕이 친히 한 일이다.

兼即仁矣義矣. 雖然. 豈可爲哉. 吾譬兼之不可爲也. 猶挈泰山以超江河也.

故兼者直願之也. 夫豈可爲之物哉. 子墨子日. 夫挈泰山以超江河. 自古之及今. 生民而來. 未嘗有也. 今若夫兼相愛. 交相利. 此自先聖六王者親行之也.

✎ 천하의 선비들은 겸애를 비난했다. 세상 사람들은 자신과 맞지 않은 사상이 나오면 그를 비판하는 것이 먼저이다. 겸애의 사상도 그 사상은 좋으나 실현 불가능한 것이 아니냐는 비판을 받았다. 이는 과거에만 그런 것이 아니다. '21세기인 지금에서도 겸애의 사상이 과연 가능한가?'라는 의문점을 들게 한다. 이에 묵자는 옛날 성왕 6인이 이미 행한 일이라며 겸애가 불가능한 것이 아니라고 일축했다. 겸애가 실현된 나라가 행복하고 사랑이 넘칠 것이라는 것은 분명하다. 그것은 과연 상상 속의 천국일까? 현실의 정치는 그보다 냉혹하고 차별적이다. 마키아 벨리는 『군주론』을 통해 냉혹한 현실 정치에 대해 말한 바 있다. 마키아 벨리의 『군주론』과 묵자의 겸애설은 평행선을 달린다고 볼 수 있다. 누구의 말이 맞을까? 여기서 누구의 말이 맞느냐를 따지고 싶지 않다. 다만 인류의 미래 방향에 도움이 되는 사상이 어떤 것인가에 대해 생각해보아야 할 것이다.

❸

지금 두루 서로 사랑하는 겸애와 오가며 서로 이롭게 하는 교리는 매우 유익하고도 쉽게 행할 수 있는 것으로 굳이 따질 필요조차 없는 일이다. 생각건대 겸애와 교리를 기뻐하지 않은 군주는 없다. 실로 군주가 기뻐하며 상을 내리며 칭찬하는 식으로 권장하고 형벌로 위험을 세우면 된다. 짐작건대 사람들이 겸애와 교리를 행하는 것은 마치 불이 위로 타오르고 물이 아래로 흐르는 것과 같다. 천하에 이를 막을 방법이 없다.

今若夫兼相愛. 交相利. 此其有利. 且易為也. 不可勝計也. 我以為則無有上說之者而已矣. 苟有上說之者. 勸之以賞譽. 威之以刑罰. 我以為人之于就兼相愛交相利也. 譬之猶火之就上. 水之就下也. 不可防止于天下.

✎ 묵자는 겸애설을 생각하고 얼마나 기뻤을까? 그것은 현실의 냉혹한 정치를 타파할 큰 가르침이었기 때문이다. 묵자는 군주가 조금만 힘써 상벌을 내리는 식으로 겸애설을 홍보해 준다면 겸애설이 자연스럽게 천하에 퍼질 것이라고 생각했다. 하지만 군주들은 그것을 의심했고 겸애설이 현실적으로 실현된 국가는 없었다. 그 국가가 있었다면 그 국가는 유토피아로 역사에 남았을까? 그렇지 않을 것 같다. 인간의 본성은 생각보다 복잡하고 단순히 겸애설을 실천한 것에서 모든 문제가 해결될지는 의문이다. 하지만 겸애설은 동양의 국가에 새로운 사상이었고, 이를 통해 사람들은 서로 사랑하는 것에 대해서 한 번쯤 더 생각해 보았을 것이다. 그리고 지금의 정치 체계의 국가들이 존재하게 된 것이다.

제5권

1. 비공 상

❶

　지금 어떤 사람이 남의 과수원에 들어가 그곳의 복숭아나 자두를 훔치면 이 얘기를 들은 사람들 모두 이를 비난할 것이고 위정자 또한 그를 잡아 처벌할 것이다. 이는 무슨 까닭인가? 남을 해치면서 자신을 이롭게 했기 때문이다. 남의 개나 닭, 돼지를 훔쳐간 자는 그 불의가 남의 과수원에 들어가 복숭아나 자두를 훔친 것보다 더 심하다. 이는 무슨 까닭인가? 남을 해롭게 한 게 더 많이 때문이다. 남을 해롭게 한 게 많을수록 불인도 더 심해지고 그 죄 또한 더욱 많아진다. 적군으로 나온 무고한 사람을 죽여 갑옷을 벗기고 소지 했던 무기까지 빼앗으면 불의가 남의 마구간에 들어가 말이나 소를 훔친 것보다 훨씬 심하다. 이는 무슨 까닭인가, 남을 해롭게 한 게 더 많기 때문이다. 남을 해롭게 한 게 많을수록 그 불안도 더 심해지고 그 죄 또한 더욱 많아진다. 이 경우 천하의 군자들 모두 이를 알면 그게 비난하며 불의라고 말한다. 지금 님의 나라를 공격하는 불의를 저지르면서 비난을 할 줄도 모르고 오히려 칭송하며 의라고 말한다. 이를 두고 어찌 의와 불의를 분별할 줄 안다고 말할 수 있겠는가?

今有一人. 入人園圃. 竊其桃李. 衆聞則非之. 上為政者得則罰之. 此何也.

以虧人自利也. 至攘人犬豕雞豚者. 其不義又甚入人園圃竊桃李. 是何故也.
以虧人愈多. 其不仁茲甚. 罪益厚. 至入人欄廐. 取人馬牛者. 其不仁義.
又甚攘人犬豕雞豚. 此何故也. 以其虧人愈多. 苟虧人愈多. 其不仁茲甚.
罪益厚. 至殺不辜人也. 扡其衣裘. 取戈劍者. 其不義又甚入人欄廐.
取人牛馬. 此何故也. 以其虧人愈多. 苟虧. 人愈多. 其不仁茲甚矣. 罪益厚.
当此天下之君子. 皆知而非之. 謂之不義. 今至大為攻国. 則弗知非.
從而譽之. 謂之義. 此可謂知義与不義之別乎.

✎ 비공은 타국에 대한 침공을 반대한다는 뜻이나. 남의 과일이나 짐승을 훔치는 것도 불의인데 전쟁에서 남의 병사를 죽이고 무기를 빼앗은 것은 비교할 수 없을 정도의 불의임에 분명하다. 그럼에도 남의 나라를 공격하는 것에 비난할 줄도 모르고 오히려 칭송하며 의라고 하니 묵자로서는 불만이 많았나 보다. 인류는 서로 싸우고 죽이는 존재이다. 묵자는 인간의 내면의 어두운 본성을 몰랐나 보다. 그래서 전쟁에 반대하는 비공을 주장했던 것이다. 전투개미가 싸우듯이 인간도 서로 싸우고 죽이고 전쟁하는 것을 좋아한다. 이것은 또한 이득을 주기도 한다. 그래서 전쟁이 끊이지를 않는 것이다. 우리는 단지 전쟁을 하지 말자는 주장보다는 전쟁의 실태와 그 원인 또 잘 협상하고 전쟁을 잘하는 방법을 오히려 연구해서 이웃 나라의 침략에 대비해야 하지 않을까 싶다.

❷

사람 1명을 죽이면 불의하다는 지탄을 받고, 반드시 그에 따른 사죄를 짊어진다. 이를 확장하면 10명을 죽일 경우 10배의 불의가 되고 10명의 살인에 따른 사죄를 짊어지게 된다. 100명을 죽일 경우 100배의 불의가 되고 100명의 살인에 따른 사죄를 짊어지게 된다. 이 경우 천하의 군자들 모두 이를 알면 크게 비난하며 불의라고 말한다. 지금 남의 나라를 공격하는 불의를 저지르면서 비난할 줄도 모른다. 실로 그것이 불의라는 사실조차 모르는 것이다. 이런 불의를 기록으로 남겨 후대에 전하는 이유다. 그것이 불의라는 것을 알았다면 어찌 불의한 내용을 기록으로 남겨 후대에 전할 리 있겠는가?

殺一人. 謂之不義. 必有一死罪矣. 若以此説往殺十人. 十重不義. 必有十死罪矣. 殺百人百重不義. 必有百死罪矣. 当此天下之君子皆知而非之. 謂之不義今至大為不義. 攻国則弗知非. 從而譽之. 謂之義. 情不知其不義也. 故書其言. 以遺后世. 若知其不義也. 夫奚説. 書其不義. 以遺后世哉.

✎ 전쟁은 알다시피 끔찍한 것이다. 무엇보다 많은 사람을 죽게 한다. 사람을 죽이는 사람에게는 죄책감과 상처, 그리고 아픔이 생기고 죽은 사람들의 가족에게도 슬픔과 고통, 아픔을 준다. 이런 전쟁의 끔찍함에도 불구하고 인류는 오랜 시간 동안 끊임없이 전쟁을 했다. 대부분은 군주들이 이익을 탐했기 때문에 발생한 일이었다. 군주가 시작한 전쟁이지만 군주는 성안에 숨고 애꿎은 백성들이 병사로 축출되어 서로를 죽이고 죽음을 맞이했다. 묵자가 이런 전쟁을 불의라고 한 것은 어쩌면 당연한 일이다. 묵자는 이 사실을 문서로 남겨서 그 후대의 사람들에게 경고를 보낸 것이라고 할 수 있다. 우리는 지금 『묵자』라는 책을 통해 전쟁은 하지 말아야 한다는 것을 배우고 있다.

2. 비공 중

❶

공격전을 옹호하는 자들은 말한다.

남쪽으로 초와 오 북쪽으로 제와 진나라가 있다. 당초 천자로부터 봉지를 받았을 때만 해도 그 넓이는 수백 리, 백성은 수십만 명에 이르지 못했다. 그러나 공격전을 통해 그 넓이가 수천 리에 달하고 백성 또한 수백만 명에 이르게 됐다. 공격전이 불가피한 이유다.

묵자가 말했다.

비록 4, 5국이 전쟁으로 이득을 보았을지라도 정도를 행했다고 말할 수는 없다. 이는 의원이 약으로 병자를 치료하는 것에 비유할 수 있다. 여기 어떤 의사가 약을 만들어 천하의 병자를 치료한다고 치자 1만 명이 이를 복용해 4, 5명만이 효과를 보았을 경우 제대로 된 약을 만들었다고 말할 수 없다. 효자가 이를 부모에게 권할 리 없고, 충신이 군주에게 권할 리 없다.

飾攻戰者言曰. 南則荊吳之王. 北則齊晉之君. 始封于天下之時. 其土城之方. 未至有數百里也. 人徒之衆. 未至有數十万人也. 以攻戰之故. 土地之博. 至有數千里也. 人徒之衆. 至有數百万人. 故当攻戰而不可爲也. 子墨子言曰. 雖四五国. 則得利焉. 猶謂之非行道也. 譬若医之藥人之有病者然. 今有医于此和合其祝藥之于天下之有病者而藥之. 万人食此. 若医四五人得利焉. 猶謂之非行藥也. 故孝子不以食其親. 忠臣不以食其君.

❶ 공격전을 옹호하는 자는 영토와 백성이 많아진다면서 타국을 공격하는 것이 불가피하다고 했지만 묵자는 일부의 국가들만이 이득을 본다면서 전쟁을 반대했다. 전쟁은 어떤 나라들에게는 이득이 될 수 있으나, 이는 극히 일부의 일이고 많은 나라와 사람들에게 피해를 주는 것은 사실이다. 이런 전쟁을 언제까지 해야 할까? 왜 인류에게 지금에 이르기까지 전쟁은 끊이질 않는 것일까? 언제쯤 전쟁과 전쟁의 위협으로부터 벗어나게 될까? 지금 인류는 스스로를 몇 번이나 멸망시킬 만한 무기를 가지고 있는 형편이다. 각 국가의 지도자들이 한번 판단을 잘못 내리면 그대로 멸망될 수 있는 상황인 것이다. 핵무기로 인해 오히려 평화가 왔다고 주장하는 사람도 있지만, 흡사 살얼음판을 걷는 기분이다. 우리는 전쟁에 대해 다시금 생각해 보아야 한다. 이때 묵자의 사상도 참고한다면 좀 더 효과적인 전쟁 방어책을 구비할 수 있을 것이다.

❷

묵자가 말했다.

옛날 말에 이르기를 군자는 물을 거울로 삼지 않고 사람은 거울로 삼는다. 물을 거울로 삼으면 얼굴 모습만 보게 되지만 사람을 거울로 삼으면 길흉을 알 수 있다. 고 했다. 지금 공격직이 이득이라고 생각하는 자는 어찌 지백의 일을 감계로 삼지 않는 것일까?

공격전이 길하지 못하고 흉하다는 것은 이미 쉽게 알 수 있는 일이다.

古者有語曰. 君子不鏡于水. 而鏡于人鏡于水. 見面之容. 鏡于人. 則知吉与凶.
今以攻戰為利. 則蓋嘗鑒之于智伯之事乎. 此其為不吉而凶. 既可得而知矣.

✎ 묵자는 공격전이 흉하다는 것을 지백의 사례를 통해 말하고 있다. 옛날 진나라에는 6명의 권신이 있었다. 이들 가운데 지백이 가장 강했다. 그는 광대한 영토와 많은 병사를 배경으로 여타 제후들을 제압하면서 신속한 용병술로 명성을 떨치고자 했다. 용맹한 병사를 선발해 훈련시키며 많은 배와 수레를 벌려놓고 중항 씨를 공격해 병탄했다. 그의 계책과 용병은 충분히 입증되었는데도 범 씨를 공격해 쳐부수고 병탄했다. 이후 여기에 만족하지 않고 조 씨와 조양자를 진양에서 포위했다. 이에 한 씨와 위 씨는 서로 만나 앞일을 논의했다.

옛날 말에 이르기를 입술이 없어지면 이가 시리다고 했다. 조 씨가 아침에 망하면 우리는 저녁에 그 뒤를 따를 것이고 조 씨가 저녁에 망하면 우리는 아침에 그 뒤를 쫓게 될 것이다. 시에 이르기를 "물고기가 물에서 빨리 내달리지 못해 뭍 위로 올라오면 어찌 돌아갈 수 있겠는가?"라고 했다. 이에 세 가문이 한마음이 되어 전력을 기울여 공격에 나섰다. 성문을 열고 길을 연 뒤 무장한 군사를 시켜 지백의 군사를 치게 했다. 한 씨와 위 씨는 밖, 조 씨는 안에서 협공해 마침내 그를 패사시켰다. 지백은 공격전에 심취하다가 목숨을 잃게 된 것이다.

3. 비공 하

❶
지금 천하에 전쟁을 좋아하는 나라로 제, 진, 초, 월을 들 수 있다. 이들 4국은 뜻을 이뤄 백성을 10배로 늘릴지라도 보유한 땅을 전부 경작할

수 없을 정도이다. 사람은 부족한데 땅은 남아돌기 때문이다. 그런데 지금 또 남의 나라를 땅을 빼앗기 위해 서로 해치면 이는 부족한 것을 축내면서 남아도는 것을 중히 여기는 것이다.

今天下好戰之國. 齊晉楚越. 若使此四國者. 得意于天下. 此皆十倍其國之衆. 而未能食其地也. 是人不足而地有餘也. 今又以爭地之故. 而反相賊也. 然則是虧不足. 而重有餘也.

✎ 천하에 전쟁을 좋아하는 나라들은 엄청난 땅을 얻었지만, 백성이 부족해 다 경작할 수 없을 정도이다. 그럼에도 더 땅을 빼앗기를 원하니, 이들 군주의 탐욕은 정말 끝이 없는 것 같다. 세상에 알려진 유명한 장군들은 모두 남의 땅을 뺏고 남의 군대를 죽이는 데 능했던 사람들이다. 나폴레옹, 알렉산드로 대왕, 칭기스칸 등 인류는 이들을 영웅으로 기록하지만, 이들의 행위는 남의 나라를 침범해서 정복한 것뿐이다. 그 와중에 얼마나 많은 사람들이 죽었을 것이며, 얼마나 많은 슬픔과 눈물이 있었겠는가? 이렇게 생각해 볼 때 이들을 영웅이라 불러야 할지 침략자라고 불러야 할지 의문이다. 묵자는 이런 침략 전쟁을 반대하고 평화를 주장한 보기 드문 사상가이다. 이런 사상가가 있었기에 그나마 전쟁이 줄어들고 인류에 평화가 올 수 있을 것이다.

❷

공벌을 좋아하는 군주는 자신의 주장을 옹호하며 이같이 말했다. 내가 금옥이나 자녀 영토가 모자라 공벌을 행하는 게 아니다. 나는 천하에 의를 내세워 명성을 떨치고 덕으로 제후들을 굴복시키려는 것이다.

묵자가 말했다.

지금 천하의 왕공대인과 사군사는 내심 천하의 이익을 일으키려고 하면 천하의 폐해를 제거해야 한다. 번거로이 공벌에 나서는 것은 실로 천하의 큰 폐해이다. 지금 인의를 행하는 뛰어난 선비를 구하고자 하면 위로 성왕의 도, 아래로 나라와 백성의 이익에 부합해야 한다. 공벌에 반대하는 비공과 같은 주장을 자세히 살피지 않으면 안 되는 이유가 여기에 있다.

則夫好攻伐之君. 又飾其說曰. 我非以金玉子女壤地爲不足也.
我欲以義名立于天下. 以德求諸候也.

✎ 묵자는 말한다. 공벌의 정책을 바꿔 치국에 힘쓰면 그 공업은 오히려 배가 될 것이다. 군사 동원의 비용을 헤아려 제후들의 피폐한 상황을 무마하는 데 힘쓰면 반드시 많은 이익을 낼 수 있을 것이다. 공정으로 남을 살피고 의를 전면에 내세우고, 백성들을 관대히 대하며 장병의 믿음을 얻는데 애써야 한다. 이런 식으로 제후들의 군사를 지원하면 곧 천하무적이 될 것이고 그에 따른 이익 또한 헤아릴 수 없을 정도로 클 것이다. 이것이 천하의 이익이다.

묵자는 다음과 같이 말하면서 비공의 주장을 상세히 살필 것을 주장했다. 묵자의 주장대로 비공은 나라를 위한 정책일까? 아니면 한 개인한 사상가의 사상일 뿐일까? 중요한 점은 묵자가 단순히 주장만 했던 것은 아니었다는 점이다. 묵자의 주장은 논리적이고 체계적이었다. 그렇기에 무시할 수는 없는 것이다.

제6권

1. 절용 상

❶

성인이 한나라에서 정사를 펴면 나라의 부를 배로 늘릴 수 있다. 이를 천하 단위로 확대하면 천하의 부를 배로 늘릴 수 있다. 부를 배로 늘리는 것은 영토를 빼앗아 늘리는 게 아니다. 국가의 형편에 따라 쓸데없는 비용을 없애는 식으로 늘린다. 성왕은 정사를 펴면서 정령을 발해 사업을 일으키고 백성을 부려 재화를 사용할 때 하나같이 실용을 감안하지 않은 채 사업을 벌인 적이 없다. 재화의 사용에 낭비가 없고 백성이 고생스럽게 수고하지 않고 이익을 만들어 내는 게 매우 많았던 이유다.

聖人爲政一國. 一國可倍也. 大之爲政天下. 天下可倍也. 其倍之非外取地也. 因其國家去其無用之費. 足以倍之. 聖王爲政. 其發令興事使民用財也. 無不加用而爲者. 是故用財不費. 民德不勞. 其興利多矣.

✎ 절용은 겸애와 비공과 떨어진 사상이 아니다. 겸애와 비공을 할 수 있는 이유는 절용 때문이다. 즉 검소하고 사치를 멀리하는 삶을 영위하는 것을 말한다. 부를 늘리는 것은 남의 나라를 침략해서 땅과 재물을 빼앗는 식으로 하는 게 아니다. 스스로의 국가에서 낭비를 줄임으로써 재산을 늘려가는 것이다. 오늘날 갖은 재테크 관련 서적이 있는데 이때부터 묵자는

나라의 재테크를 논했던 것이다. 그 재테크의 실천자는 성인이나 왕이다.

❷

사람들이 옷이나 갖옷을 만드는 것은 무슨 까닭인가? 겨울에 추위를 막고 여름에 더위를 막고자 하는 것이다. 옷을 만드는 기본 이치는 겨울에 온기를 더하고 여름에 청량함을 더하는 데 있다. 화려하기만 하고 편익에 도움이 되지 않는 것은 곧바로 제거해야 한다.

> 其爲衣裘何. 以爲冬以圉寒. 夏以圉暑. 凡爲衣裳之道. 冬加溫. 夏加淸者. 芊**[魚+且]不加者去之. 其爲宮室何.

✎ 묵자는 옷을 검소하게 입는 것을 중시했다. 이는 옷의 개성을 중시하는 요즘과는 너무도 달라진 모습이다. 오늘날에는 풍요로워 재화가 넘쳐 어느 것이 더 멋진가를 따지는 디자인이 중요해졌다. 묵자의 시대에는 상상도 하지 못할 일이다. 사실 묵자의 시대에도 멋지게 옷을 만들어 입는 사람이 있었다. 대부분 높은 지위의 신하들이 그러했다. 그들은 사치와 허영에 백성들이 힘들자 묵자 같은 사람들이 옷의 본질을 찾자고 운동을 벌인 것이다. 우리는 옛날 일을 어렵게 받아들일 필요는 없다. 충분히 우리는 과거의 일에서 교훈을 찾을수 있고 오늘날의 현실에서 그 해결점을 찾을 수도 있다.

2. 절용 중

❶

옛 성왕은 재화 사용을 절제하는 절용의 법도를 정할 때 이같이 선언했다. 무릇 천하의 모든 공인은 수레, 가죽 제품, 도기, 주물, 목공 제품 등을 만들 때 각기 자신의 능력을 좇아 일에 임하도록 한다. 제품생산은 백성이 사용하는데 족할 정도에 그친다. 성왕은 비용만 많이 들고 백성의 편익에 도움이 되지 않는 일은 절대 하지 않았다.

是故古者聖王. 制為節用之法. 曰. 凡天下群百工. 輪車***[革+貴]匏. 陶冶梓匠. 使各從事其所能. 曰. 凡足以奉給民用則止. 諸加費不加于民利者. 聖王弗為.

🖉 옛 성왕은 제품의 생산량을 조절했다. 이는 오늘날의 경제 정책으로 보자면 계획 경제에 해당한다. 제품의 양은 시장에서의 수요에 영향을 받지만 일종의 큰 정부를 지향한 것이다. 성왕은 백성들을 위해서 그런 정책을 폈던 것이다. 오늘날에는 사실 제품의 양이 너무도 많아서 고르기가 힘들 정도이다. 이런 시대에 온다면 묵자는 어떻게 반응을 보일까? 너무나도 많은 제품에 눈이 휘둥그레지지 않을까 싶다. 그럼에도 지금의 경제가 굴러가는 것은 그만큼 자본주의 체제가 적절하게 돌아가고 있다는 증거 아닐까? 물론 정부의 간섭이 필요한 것은 사실이다. 하지만 보이지 않는 손에 의한 시장 경제체제가 효율적인 것은 사실이다.

❷

옛 성왕은 먹고 마시는 음식의 법도를 정할 때 이같이 선언했다. 허기를 채우고 기운을 차리고 수족을 강하게 하고 이목을 밝게 하는 데서 그친다. 오미와 향내의 조화를 끝까지 추구하지 않고 먼 나라의 진귀하고 특이한 음식을 탐하지 않는다.

古者聖王, 制爲飮食之法. 曰. 足以充虛継気. 強股肱. 耳目聰明則止. 不極五味之調. 芬香之和. 不致遠国珍怪異物.

✎ 성인의 음식 습관은 흡사 절에서 수행하는 스님의 식습관을 떠오르게 한다. 부처님은 음식을 약을 먹듯이 하라고 하였다. 공양받아서 먹는 음식인데 좋고 나쁨을 가릴 게 없었을 것이다. 그저 감사한 마음으로 먹었을 것이다. 그럼에도 건강한 것은 음식의 질보다는 마음가짐이 더 중요하다는 가르침이다. 왕도 사치하지 않고 기름진 음식을 먹지 않고 검소하고 배를 채우는 데 더 중점을 두었다. 시장이 반찬이라고 진귀한 음식을 먹기를 탐하지 않았다는 점에서 성인은 불교적으로도 수행이 된 사람이라고 볼 수 있다.

❸

옛날 사람은 처음 생겨나 집이 없었을 때 언덕에 굴을 파고 살았다. 성왕은 이를 염려 했다. 굴속에 살면 겨울에 바람과 추위를 피할 수 있지만, 여름에 아래로 습기가 차고 위로 더운 열기가 차 백성들의 기운이 손상될까 우려한 것이다. 집을 만들어 편리를 도모한 이유다. 집을 짓는 방법은 어떻게 전개될 것인가 묵자에게 말했다.

옆으로 바람과 추위를 막을 수 있고 위로 눈과 서리 그리고 비와 이슬을 막을 수 있고 가운데로 주변을 깨끗이 하여 제사를 지낼 수 있도록 하였다. 집의 담은 남녀의 구별을 족히 할 수 있는 수준에 그쳤다. 성왕은 비용만 많이 들고 백성의 편익에 도움이 되지 않는 일은 절대 하지 않았다.

古者人之始生. 未有宮室之時. 因陵丘堀穴而処焉. 聖王慮之. 以為堀穴. 曰冬可以避風寒. 逮夏. 下潤湿上熏蒸. 恐傷民之気. 于是作為宮室而利. 然則為宮室之法. 将奈何哉. 子墨子言曰. 其旁可以圉風寒. 上可以圉雪霜雨露. 其中蠲潔. 可以祭祀. 宮牆足以為男女之別. 則止. 諸加費. 不加民利者. 聖王弗為.

📖 주거지는 예부터 지금까지의 사람들의 큰 문제이다. 어떤 집에 사느냐에 따라 그 사람의 신분과 지위를 알 수 있는 단서가 되기도 한다. 하지만 성왕은 집을 짓는데 동굴에 사는 백성들을 염려해 검소하고도 도움이 될 수 있는 집짓기를 권했다. 모두 큰 평수의 아파트나 시골 전원의 연립주택에서 살 수는 없겠지만, 각자 편안하게 생각하는 안식처가 있다면 일반 시민들의 행복지수는 높아질 것이다. 안타깝게도 집값은 계속 오르고 있고 서민들의 내 집 마련이 힘들다는 것을 생각한다면 주거지에 대한 고민과 고통은 묵자 시대부터 지금까지 여전히 전해 내려오는 문제라는 생각이 든다.

3. 절장 하

❶
천하가 가난하면 부유하게 해주는 데 힘쓰고, 백성이 적으면 곧 많아

지게 하는 데 힘쓰고, 백성이 많아 어지러우면 바르게 다스리는 데 힘쓴다. 이때 감히 힘을 남겨두고, 좋은 계책을 감춰두고 이익을 버려두지 않는다. 그리하는 것은 천하를 위한 것이 아니기 때문이다. 이런 3가지 일에 힘써야 어진 사람이 천하를 위해 계책을 내는 게 된다. 어진 사람이 천하를 위해 계책을 내는 게 이와 같다.

天下貧則從事乎富之. 人民寡. 則從事乎衆之. 衆而亂. 則從事乎治之. 当其于此. 亦有力不足. 財不贍. 智不智. 然后已矣. 無敢舍余力. 隱謀遺利. 而不為天下為之者矣. 若三務者. 此仁者之為天下度也. 既若此矣.

✎ 어진 사람은 천하를 위한 계책을 낸다고 한다. 그것은 국가를 사랑하는 마음이 있어서 일 것이다. 한신이라는 사람은 대장군이라는 꿈을 품었다. 그는 초나라 왕 밑에서 일하면서 여러 가지 계책을 내었다. 하지만 초나라 왕은 그를 알아보지 못했다. 초나라 왕의 군사였던 범증만이 한신의 가치를 알아보았다. 그래서 그를 등용하든지 죽이라고 하였으나, 한신은 초나라 왕에게 실망해 한나라로 떠난다. 한나라에 갔지만 역시 등용받지 못하자 떠나려 하나 소하를 비롯한 신하들이 붙잡아 떠나지 못하고 결국 대장군의 지위에 오른다. 한신은 아마도 천하를 부유하게 하고 백성을 많게 하고 바르게 다스리는 일을 잘했을 것이다. 그렇기에 대장군의 지위에 오를 수 있었던 것이다. 이처럼 어진 사람은 나라를 위한 계책을 내어야 한다. 그것이 받아들여지지 않든 그렇지 않든 간에 그것은 어진 사람의 필수 조건이다.

❷
 생각하건데 후장 구상을 행하여 실로 가난한 자를 부유하게 만들지 못하고 적은 것을 많아지게 하지 못하고 위태로운 것을 안정시키지 못하고 어지러움을 바로 다스리지 못한다면 이는 인의와 효행을 실천하는 것이 아니다.

厚葬久喪. 実不可以富貧衆寡定危理亂乎. 此非仁非義. 非孝子之事也.

✎ 유가에서는 장례를 후히 치르는 것을 권장했다. 하지만 묵자는 반대 입장이었다. 장례는 간소하고 검소하게 치르는 것이라고 했다. 그는 장례를 후하게 치러보았자 그것은 인의와 효행을 실천하는 게 아니라고 보았다. 누구의 의견이 맞을까? 죽은 사람을 귀하게 대접해 보아야 그것은 산자를 위함이지 죽은 자를 위함은 아닌 것 같다. 그래서 묵자는 유가의 관례를 자신의 잇속이나 챙기는 것으로 보았다. 사람의 죽음은 작은 일이 아니고 큰일이다. 우리는 마땅히 예를 갖추어 그들의 저승길을 잘 돌보아야 한다. 하지만 지나치게 형식과 의례에만 치우쳐 후하게 치른다면 그것은 죽은 자를 위함도 산자를 위함도 아니다. 장례는 검소하게 치러야 한다.

❸
 후장 구상으로 인구를 늘리고자 할 경우 과연 가능할까? 이론 자체가 불가능한 일이다. 후장 구상을 주장하는 자들이 정사를 펼 경우 군주가 죽으면 3년을 복상하고, 부모가 죽어도 3년 복상하고 처와 적장자가 죽어도 3년 복상한다. 이 5인의 경우 모두 3년 복상한다.
 거상을 하는 와중에 몸을 지치고 여위게 하는데도 일정한 제도가 있다. 얼굴이 크게 야위어 안색이 검푸르게 되고 귀와 눈은 침침해지고 수족에 힘이 빠져 사용치 못하도록 하는 게 그것이다. 그러고도 말하기를 훌륭한 선비는 상을 당하면 반드시 부축해야 일어 수 있고 지팡이를 짚어야 다닐 수 있다. 이는 결국 남녀의 교제를 크게 해치는 일이다.

今唯無以厚葬久喪者爲政. 君死. 喪之三年. 父母死. 喪之三年. 妻与後子死者. 五皆喪之三年. 然後伯父叔父兄弟孼子其. 族人五月. 姑姊甥舅皆有月数. 則毀瘠必有制矣. 使面目陷**[阝+最]. 顔色黧黑. 耳目不聰明. 手足不勁強. 不可用也. 又曰上士操喪也. 必扶而能起杖而能行. 以此共三年. 若法若言. 行若道. 苟其飢約又若此矣. 是故百姓冬不仞寒. 夏不仞暑. 作疾病死者. 不可勝計也. 此其爲敗男女之交多矣.

✎ 묵자는 상을 오래도록 치르는 경우를 비판하며 이는 남녀관계를 해쳐 인구를 늘리는 데 방해가 된다고 하였다. 지금 이 시대에 3년을 복상하는 경우는 없다. 물론 가슴 아픈 시간을 오래 겪겠지만 말이다. 그런 점에서 보았을 때 묵자의 발언은 시대를 앞서간 면이 있다. 철저히 실용적으로 생각해 낭비와 허례허식을 막고 인구의 내실화를 위한 계책을 마련한 것이다. 3년 거상을 하게 되면 실로 굶주리고 곤궁한 모습이 되어 처참해진다. 백성들이 겨울에 추위를 견딜 길이 없고 여름에 더위를 견딜 도리가 없다. 병이 들어 죽는 자도 헤아릴 수 없다. 이 사실을 알았기에 묵자는 유가의 상을 치르는 방식을 크게 비난했던 것이다.

제7권

1. 천지 상

❶

"어찌 이런 대명천지에 죄를 짓고 장차 어디로 달아날 수 있단 말인가?"라고 했다. 하늘은 숲이나 골짜기처럼 한족하고 아무도 없는 곳에 있을지라도 반드시 밝게 본다. 그럼에도 천하의 사군자는 하늘에 대해 문득 서로 경계할 줄 모른다. 이것이 바로 천하의 사군자들이 작은 것만 알고 큰 것을 알지 못하는 이유를 알게 된 배경이다.

焉而晏日焉而得罪. 將惡避逃之. 日. 無所避逃之. 夫天不可爲林谷幽門無人. 明必見之. 然而天下之士君子之于天也. 忽然不知以相儆戒. 此我所以知天下士君子. 知小而不知大也.

✎ 죄를 지은 사람은 갈 곳이 없다. 왜냐하면 하늘이 그 죄를 알고 있기 때문이다. 사람은 속일 수 있을지 모른다. 하지만 하늘만큼은 속이지 못한다. 결국 그 죄를 지은 만큼 인과응보를 받게 될 것이다. 한 사람이 과거에 부정을 저지르려고 했다. 하지만 그를 아는 사람은 이렇게 말했다. 내가 알고 당신이 알고 하늘이 알아 벌써 3명이나 아는데 천하에 부정을 숨길 수 있겠는가 하고 말이다. 우리는 죄에 대해 경계하는 마음을 가져야 한다. 죄를 짓기 시작하면 나라가 무너진다. 바늘도둑이 소도둑

된다고 죄의 크기는 점점 증가하게 된다. 애초에 작은 죄라고 짓지 않도록 철저하게 경계해야 하는 것이다. 그런 면에서 청소년의 범죄도 엄중히 다룰 필요가 있다고 본다. 어린 시절에 확실히 교육받지 않으면 그 사람은 커서도 죄를 저지를 가능성이 크기 때문이다.

❷

흔히 말하기를 "무릇 의는 올바른 것이다."라고 한다. 이는 아래에서 시작해 위를 바로 잡는다는 뜻이 아니라 반드시 위에서 시작해 아래를 바로 잡는 것을 말한다. 서민이 열심히 일할지라도 멋대로 하도록 방치하지 않고 잘못을 관원이 바로 잡고 관원이 열심히 일할지라도 멋대로 하도록 방치하지 않고 잘못을 장군과 대부가 바로 잡고, 장군과 대부가 열심히 일할지라도 멋대로 하도록 방치하지 않고 잘못을 삼공과 제후가 바로잡고 삼공과 제후가 열심히 일할지라도 멋대로 방치하지 않고 잘못을 천자가 바로 잡으며 천자가 열심히 할지라도 멋대로 하도록 방치하지 않고 잘못을 하늘이 바로잡는 이유가 여기에 있다. 천자가 삼공과 제후, 관원, 서민을 다스린다는 사실을 천하의 군자는 명확히 알고 있다. 그러나 하늘이 천자와 천하의 백성을 두루 다스린다는 사실은 아직 명확히 알지 못하고 있다.

且夫義者政也. 無從下之政上. 必從上之政下. 是故庶人竭力從事. 未得次已而爲政. 有士政之士. 竭力從事. 未得次已而爲政. 有將軍大夫政之. 將軍大夫竭力從事. 未得次已而爲政. 有三公諸候政之. 三公諸候竭力聽治. 未得次已而. 爲政. 有天子政之. 天子未得次已而爲政. 有天政之. 天子爲

政于三公諸候士庶人. 天下之士君子固明知. 天之爲政于天子.
天下百姓未得之明知也.

✎ 묵자는 의는 올바른 것으로 보았다. 그가 생각하는 의는 윗사람이 아랫사람을 바로 잡는 것이라고 생각했다. 아랫사람이 윗사람을 바로잡는다는 것은 불가능하다고 묵자는 생각했다. 어찌 보면 답답한 주장이라고 볼 수도 있다. 아랫사람이 더 능력 있고 시야가 열려 있다면 윗사람에게 영향을 줄 수도 있는데 왜 묵자는 그렇게 생각했을까? 그것은 사람이 각자의 지위나 위치에 맞게 행동해야 올바른 사회가 될 수 있다는 묵자의 신념에서 온 내용일 것이다. 하지만 지금은 시대가 바뀌었고 젊은 사람이 얼마든지 사회의 리더가 될 수 있는 사회이다. 그러므로 자신의 한계에 규정받지 않고 적극적으로 도전해서 사회의 주역이 되는 젊은이들이 많아졌으면 좋겠다.

❸

천자는 천하에서 가장 귀하고 부유한 사람이지만 하늘의 뜻을 좇지 않을 수 없다. 하늘의 뜻을 좇아 두루 서로 사랑하는 겸애와 오가며 서로 이롭게 하는 교리를 행하면 반드시 하늘로부터 상을 받을 것이다.

그들이 한 일은 위로 하늘을 높이고 가운데로 귀신을 섬기며 아래로 사람을 사랑하는 일이다. 그래서 천지가 이르기를 이들은 내가 사랑하는 것을 두루 서로 사랑하고 내가 이롭게 하는 것을 두루 서로 이롭게 해주었다. 이들이 사람을 사랑하는 것이 이처럼 넓었고 사람을 이롭게 하는 것이 이처럼 두터웠다. 하늘이 이들에게 귀하게는 천자가 되고 부유하기로는 천하를 차지하게 하고 그 왕업이 만세에 걸쳐 자손에 이르게 하고 덕행을 기리는 칭송이 대대로 이어지며 천하에 널리 퍼지게 되고 그 칭송이 지금까지 이르게 된 이유다. 이를 일컬어 성왕이라고 한다.

其事上尊天. 中事鬼神. 下愛人. 故天意曰. 此之我所愛兼而愛之. 我所利兼而利之愛人者此爲博焉. 利人者此爲厚焉. 故使貴爲天子. 富有天子. 業万世子孫. 伝称其善. 方施天下. 至今称之. 謂之聖王.

✎ 하늘을 높이고 가운데로 귀신을 섬기고 아랫사람을 사랑하면 복을 받을 수밖에 없다. 하늘은 그를 천자로 부귀와 명예를 줄 것이다. 이처럼 군주는 잘만 하면 부와 명예 그리고 귀함까지 받을 수 있는 좋은 자리이다. 하지만 하늘을 욕하고 귀신을 모함하고 사람을 해치는 일을 하는 군주는 하늘의 벌을 받을 수밖에 없다. 그들은 수명을 다 누리지 못하고 삶을 제대로 미치지 못하고 악명이 지금까지 이르게 되었다. 어쩌면 군주의 선택이 그 자신의 운명을 결정짓게 했던 이유가 아닌가 싶다. 마땅히 군주라면 하늘의 뜻을 묻고 하늘의 뜻에 맞추어 국정 운영을 해야 한다고 생각한다. 또한 사람을 두루 사랑하는 자에게 좋은 일이 생기지 않겠는가? 말할 것도 없다. 사람을 두루 사랑하는 자에게는 인망이 뒤따를 것이다. 왜냐하면 하늘이 천하의 백성을 사랑하기 때문이다. 그렇기에 군주들은 아랫사람을 사랑하는 일에도 힘썼던 것이다.

2. 천지 중

❶

누가 귀하고 누가 지혜로운가 대답은 이렇다. 하늘만이 귀하고 지혜로울 뿐이다.

그렇다면 과연 의는 하늘로부터 나오는 셈이다. 선왕이 쓴 책에서 말하기를 "하늘만이 귀하고 지혜로울 뿐이다."라고 했다. 의가 실로 하늘로부터 나오는 이유다. 묵자가 말했다. 지금 천하의 군자가 실로 행한 도를 좇아 백성을 이롭게 하고 인의의 근본을 살피고자 하면 천의를 삼가 좇지 않을 수 없다.

然則孰為貴. 孰為知. 曰. 天為貴天為知而已矣. 然則義果自天出矣.

✎ 묵자는 의는 하늘로부터 나온다고 하고 하늘만이 귀하고 지혜롭다고 하였다. 이는 흡사 솔로몬의 고백과도 같다. 솔로몬은 전도서에서 세상 모든 것들이 의미가 없고 오직 하나님만이 유일하다고 하였다. 서양의 종교 개념과 동양의 종교 개념은 다른 것이다. 하지만 묵자가 신성시했던 하늘은 아마도 세상을 창조하는 원리나 창조주 그 자체로 보아도 무리가 없을 듯하다. 하늘이 귀하고 지혜로운지 아는 군주는 자연히 배우려는 자세를 가지고 마음을 삼가 조심하게 된다. 그렇기에 그 군주는 더욱 잘되고 백성들을 이롭게 하는 성군이 될 수 있다. 우리는 어떤 일을 할 때 하늘의 뜻을 살펴야 한다. 진인사 대천명이라는 말이 있듯이 어떤 일을 할 때 인간으로서의 노력은 다하지만 최후의 결과는 하늘에 맡겨 두는

것이다. 하늘이 도왔다는 말도 있다. 이는 운명의 불가사의한 점을 말하는 것이다. 어떤 일이 일어나는 것은 인간 개개인의 노력만으로 안 되는 경우가 많다. 우리가 경제 발전을 이룩한 것도 한강의 기적이라는 국민 개개인의 노력도 있었지만, 하늘의 뜻이 우리를 부강하게 만들어 주었던 것이 아닐까?

❷

천하에는 어질지도 상서롭지 않은 자들이 있다. 그들의 행보는 이렇다. 자식이 되어 부모를 섬기지 않고 아우가 되어 형을 섬기지 않고 신하가 되어 군주를 섬기지 않는다. 천하의 군자는 이를 두고 상서롭지 못하다고 말한다.

지금 하늘은 천하를 두루 사랑하고 만물을 모두 길러 이롭게 해주고 있다. 터럭 끝처럼 작은 것도 하늘이 만든 까닭에 백성이 이를 통해 얻는 이익은 실로 막대하다고 할 수 있다. 그런데도 하늘에 보답키는커녕 자신들이 하는 짓 또한 전혀 어질거나 상서롭지도 않다는 사실을 모르고 있다.

且夫天下蓋有不仁不祥者. 日当若子之不事父. 弟之不事兄. 臣之不事君也. 故天下之君子. 与謂之不詳者. 今夫天兼天下而愛之. 撒遂万物以利之. 若豪之末. 非天之所為也. 而民得而利之. 則可謂否矣. 然独無報夫天. 而不知其為不仁不祥也.

✎ 자식 되어 부모를 섬기는 것, 아우가 형을 섬기는 것, 신하가 군주를 섬기는 것은 동양에서 오랜 시간 동안 받들던 가치이다. 이런 행위를

하지 않으면 상서롭지 못하다고 하였다. 이는 하늘에 뜻에 어긋난다는 이야기이다. 하늘의 뜻을 어긋나는 행동을 하면서 잘되기를 바라는 것은 어리석은 일이다. 효도와 우애, 충효가 옛날 가치라고 생각하는 사람도 많을 것이다. 하지만 나는 사회의 본질은 변하지 않았다고 본다. 그리고 동양적 가치가 서양의 개인주의에 비해 후진 것도 아니다. 오히려 서양에서 동양의 가치를 배워가는 게 요즘 시대이다. 서양의 가정은 동양의 끈끈한 가족애가 있는 가정을 부러워하기도 하다. 그들에게 있어 단순히 사랑밖에 없는 가족 개념에 비하면 동양의 가정은 효와 우애가 핵심 가치이기 때문이다. 그들에게 없는 것이 동양에는 있어서 이혼율이 높은 서양인들은 동양의 가치를 부러워하는 것이다. 아이러니하게도 서구화된 우리나라는 옛날 우리의 좋은 가치들을 잃어버리고 이혼율이 높아지게 되었으니 참으로 애석한 일이 아닐 수 없다.

❸

백성을 사랑하는 게 매우 두텁다는 것을 알게 된 까닭은 비단 여기서 그치는 게 아니다. 대답은 이렇다.

무고한 사람을 죽이면 하늘이 상서롭지 못한 재앙을 내린다. 무고한 사람을 죽인 자는 누구인가? 사람이다. 재앙을 내리는 자는 누구인가? 하늘이다. 하늘이 백성을 사랑하는 게 두텁지 않다면 무고한 사람을 죽였을 때 하늘이 재앙을 내리는 것을 어찌 설명할 것인가? 하늘이 백성을 사랑하는 게 매우 두텁다고 하는 것을 알게 된다.

且吾所以知天愛民之厚者. 不止此而足矣. 曰. 殺不辜者. 天予不祥.

不辜者誰也. 日. 人也. 子之不祥者誰也. 日天也. 若天不愛民之厚.
夫胡說人殺不辜. 而天子之不祥哉. 此吾之所以知天之愛民之厚也.

📖 하늘은 백성 개개인 하나하나를 소중히 생각하고 사랑한다. 그래서 무고하게 사람을 죽이는 사람에게 재앙을 내린다. 이를 미신이라고 생각하는 사람도 있을 것이다. 하지만 남을 해치는 사람은 인과응보를 받는다고 생각한다. 설령 벌을 받지 않는다고 할지라도 자신의 양심의 가책에 의한 죄의식에서 벗어날 수 없을 것이다. 그것은 벌을 받는 것이나 마찬가지이다. 물론 양심의 가책을 느끼지 못하는 사이코패스와 같은 경우는 반드시 붙잡아 그에 합당한 벌을 주어야 한다. 옛날에는 사람들이 하늘에 의지했지만 지금은 경찰과 같은 국가 권력에 의지하여 합당한 벌을 내리기를 기원해야 한다. 민심은 곧 하늘의 뜻이라고 한다. 무고한 사람을 해치면 그 벌을 피할 수 있는 장소는 없을 것이다.

3. 천지 하

❶

지금 집안의 어떤 사람이 죄를 지은 후 다른 집으로 달아났을 경우 부친은 자식, 형은 동생에게 이같이 훈계할 것이다. 경계하고 삼가라. 사람이 집안에서 처신하면서 경계하거나 삼가지 않으면 어찌 남의 집안에서 제대로 처신할 수 있겠는가?

지금 어떤 사람이 나라에서 죄를 지은 뒤 다른 나라로 달아났을 경우 역시 부친은 자식, 형은 아우에게 이같이 훈계할 것이다. 경계하고 삼가라. 사람은 나라에서 처신하면서 경계하고 삼가지 않을 수 없다. 지금 사람들 모두 천하에서 처신하면서 하늘을 섬기다가 죄를 지으면 달아날 곳이 없다.

今人処若家得罪. 将猶有異家. 所以避逃之者. 然且父以戒子兄以戒弟曰. 戒之慎之. 処人之家. 不戒不慎之. 而有処人之国者乎. 今人処若国得罪. 将猶有異国. 所以避逃之者矣. 然且父以戒子. 兄以戒弟曰. 戒之慎之. 処人之国者. 不可不戒慎也. 今人皆処天下而事天. 得罪于天. 将無所以避逃之者矣.

✎ 묵자는 죄를 지은 사람에게 경계하고 삼가라는 가르침을 남겨 주었다. 하늘에 죄를 지으면 도망칠 곳이 없다. 범죄자는 늘 긴장과 불안에 살아야 한다. 이는 하늘의 벌이나 다름없다. 맞은 사람은 편히 자고 때린 사람은 잠을 못 잔다는 말이 있다. 사람은 죄를 짓고는 정상적으로 살아갈 수 없다. 그러므로 우리는 삼가 조심해 죄를 짓지 않도록 노력해야 한다. 죄를 짓고 남의 집으로 도피하거나 다른 나라로 도망쳐도 죄가 사라지지는 않는다. 하늘은 반드시 이를 찾아내 벌을 받게 할 것이다. 지금의 범죄자는 하늘의 뜻에 더해 경찰의 추적까지 받고 있다. 모쪼록 경찰이라는 국가 권력이 죄지은 사람에게 벌을 주어 나라가 안정되고 안전한 나라가 될 수 있도록 노력해야 할 것이다.

제8권

1. 명귀 하

❶

"귀신의 존재유무에 대해 잘 살피지 않으면 안 된다는 사실을 전제로 할 때 이를 자세히 살피고자 할 경우 과연 어떻게 설명해야 좋은 것일까?" 묵자가 말했다.

"천하 사람이 귀신의 존재유무를 자세히 살피고자 할 경우 반드시 여러 사람의 귀와 눈을 통해 견문한 사실을 토대로 그 존재유무를 판단해야 한다. 누가 뭔가를 견문했다면 반드시 그것은 존재하고 아무도 견문하지 못했다면 그것은 존재하지 않은 것으로 여긴다."

既以鬼神有無之別. 以爲不可不察已. 然則吾爲明察. 此其說將奈何而可. 子墨子曰. 是与天下之所以察知有与無之道者. 必以衆之耳目之實知有与亡爲儀者也. 請惑聞之見之. 則必以爲有. 莫聞莫見. 則必以爲無.

✒ 묵자는 귀신이 있는 것으로 생각했다. 단순히 생각하고 추측만 한 것이 아니었다. 여러 사례를 들면서 실제로 귀신을 보고 들었다는 사람들의 이야기를 주장의 근거로 삼았다. 그는 두백의 사례, 진목공의 경험, 장자의의 죽음, 야고와 중리요의 사례를 통해 귀신이 확실히 있으며 그 존재 자체가 관측되었다고 주장했다. 하지만 이와 같은 증거에도 불구하

고 의심하는 사람이 있자 옛 성왕들이 귀신에게 제사를 지냈다면서 그래도 의심할 거냐며 자신의 주장을 굽히지 않았다. 옛 성왕들은 반드시 귀신의 존재를 인정했고 정성을 다해 귀신을 섬겼다. 또한 후대의 자손이 이를 알지 못할까? 우려한 나머지 죽백에 기록해 전해주었다.

또한 묵자는 말했다.

『시경』, 『대아』, 『문왕』에 나온다. 거기에 이르기를 "문왕이 높이 위에 계시니 그 공덕이 하늘에 밝게 빛나네. 주나라는 비록 제후국으로 오래됐지만 천명은 새롭기만 한다네. 주나라 덕업이 크게 빛나고 상제의 명 또한 크게 때에 맞네. 문왕은 서거한 후 상제의 곁에 있으며 오르내리네. 원만한 문왕의 아름다운 명성이 그치지 않네."라고 했다. 귀신이 없다면 문왕이 서거한 후 어찌 상제 곁에 머무를 수 있었겠는가? 이것이 바로 내가 『시경』을 통해 귀신의 존재를 확인할 수 있는 이유이다.

또한 『상서』에도 귀신의 존재를 확인할 수 있으며 하서 『우서』에도 귀신에 관한 이야기가 나온다.

이렇게 묵자는 단순히 귀신의 존재가 있다고 우긴 것이 아니라 치밀한 사례를 통해 논증하여 그 실체를 증명하고자 했다.

❷

묵자가 말했다.

"지금 우리가 제사를 지내는 것은 음식을 도랑이나 구덩이에 쏟아버리는 것과 차원이 다른 것이다. 위로 귀신에게 복을 빌고 아래로 일족과 마을 사람이 함께 모여 즐겁게 먹고 마시며 화친할 수 있기 때문이다. 귀신이 존재한다면 이는 곧 우리 부모를 비롯해 형과 형수에게 제수를 먹도록 하는 셈이니 이 어찌 천하를 이롭게 하는 일이 아니겠는가?"

"지금 천하의 왕공대인과 사군자들이 실로 천하의 이익을 일으키고 천하의 폐해를 없애고자 하면 응당 귀신이 존재를 존중하고 널리 드러내지 않으면 안 된다. 그것이 성왕의 도이기 때문이다."

今吾爲祭祀也. 非直注之汚壑而棄之也. 上于交鬼之福. 下以合驩聚衆. 取親乎鄕里. 若神有. 則是得吾父母弟兄而食之也. 則此豈非天下利事也哉.

✐ 제사 지내는 것을 미신으로 생각하는 사람도 있을 것이다. 하지만 제사 지내는 것은 귀신에게 복을 비는 것 이상의 가치가 있다. 우리는 제사를 통해 우리 조상들에게 고마움을 느끼고 후손들을 위해 나의 에너지와 물질을 쏟을 수 있다. 또한 제사 음식은 가족들과 친척, 또는 이웃 사람과 나눠 먹기 때문에 살아 있는 사람들끼리의 애정을 돈독히 할 수 있다. 그러므로 제사는 종교적으로 바라보아서는 안 된다. 종교라기보다는 이미 우리 안에 깊숙이 들어온 것으로 생활 풍습 정도로 생각해야 한다. 그 사실을 안다면 다른 종교를 믿는다고 해서 제사를 금지하는 일은 발생하지 않을 것이다. 제사는 좋은 일이다.

2. 비악 상

❶

묵자가 음악을 반대하는 것은 대종과 명고 및 금슬과 우생 등의 악기

소리가 즐겁지 않다거나, 조각한 무늬와 장식 색깔 등이 아름답지 않다거나, 알맞게 부치거나 불에 구운 소와 돼지 등의 고기 맛이 없다거나, 높은 큰 누대나 고대 광실에서 지내는 게 편안치 않기 때문이 아니다. 비록 몸이 편안함을 좇고 입이 맛난 것을 좇고 눈이 아름다움을 좇고 귀가 즐거움을 좇을지라도 그것이 위로는 성왕의 사적에 부합지 않고 아래로는 백성의 이익과 부합하지 않기 때문이다. 그래서 묵자는 이같이 말한 것이다. 음악을 즐기는 것은 잘못이다.

是故子墨子之所以非樂者. 非以大鍾鳴鼓琴瑟竽笙之声以為不樂也. 非以刻鏤華文章之色. 以為不美也. 非以犓豢煎炙之味. 以為不甘也. 非以高台厚榭邃野之居. 以為不安也. 雖身知其安也. 口知其甘也. 目知其美也. 耳知其樂也. 然上考之. 不中聖王之事. 下度之. 不中万民之利.
是故子墨子曰. 為樂非也.

✎ 묵자는 음악의 즐거움을 알고 있었다. 그는 음악의 즐거움, 맛있는 것의 미각, 편안한 집의 편리함에 대해서 누구보다 잘 알고 있었다. 그럼에도 불구하고 그는 그것을 하기를 거절했다. 왜냐하면 어진 사람은 일을 할 때 반드시 천하의 이익을 크게 일으키고 천하의 폐해를 제거하는 데 힘써야 한다고 생각했기 때문이다. 묵자는 백성의 의식을 축내고 빼앗는 짓을 하는 것을 원하지 않았다. 음악을 좋아하고 각종 산해진미를 원하는 것은 백성을 힘들게 하는 일이다. 그래서 묵자는 음악 듣는 것을 거부했던 것이다. 물론 이는 음악을 숭상했던 유가와는 극명한 대비를 이룬 것이다. 그렇게 보았을 때 음악을 금지한 것은 묵자만의 특이한 사

상이라고 볼 수 있다. 우리는 현재 음악과 함께 하는 생활을 하고 있다. 많은 사람들이 음악을 좋아한다. 음악의 순기능에 초점을 맞추었다면 묵자도 음악의 장점을 널리 알리지 않았을까 하는 생각이다.

　하지만 묵자는 백성의 굶주림, 의복 없음, 쉬지 못함을 예로 들면서 만일 위정자가 큰 종을 두드리고, 북을 치고, 거문고를 연주하며 생황 등을 불고 문무와 무무를 추는 데 열중하면 백성들이 먹고 마시는 재화는 어디서 얻을 수 있을 것인가? 라며 반박했다. 음악을 숭상했던 유가나 금지했던 묵가의 주장은 양쪽 다 일리가 있는 말이다.

제9권

1. 비명 상

❶

묵자가 말했다. "운명론을 주장 하는 자들이 민간 내에 대거 존재한다. 이들은 말하기를 부유해질 운명이면 부유해지고 가난해질 운명이면 가난해진다. 인구가 많아질 운명이면 많아지고 적어질 운명이면 적어진다. 다스려질 운명이면 다스려지고 어지러워질 운명이면 어지러워진다. 장수할 운명이면 장수하고 요절할 운명이면 요절한다."

子墨子言曰. 執有命者. 以襍于民間者衆. 執有命者之言曰. 命富則富. 命貧則貧. 命衆則衆. 命寡則寡. 命治則治. 命亂則亂命壽則壽. 命夭則命.

✎ 운명이란 존재하는 걸까? 과거에는 태어나면서부터 워낙 많은 것이 결정되는 시대이기에 운명론을 믿는 사람도 많았을 것 같다. 평균 수명도 짧고 해서 발전을 꾀할 시간도 부족하기도 했다. 하지만 현대는 운명론보다 개척론을 믿어야 한다. 평균 수명도 길어졌기에 어떤 다른 일을 하기에 준비할 시간도 길다. 환경보다는 자신의 의지와 열정에 따라 달라질 수 있는 게 사람의 삶이다. 장수할 운명이면 장수한다고 했는데 현대로 보자면 유전자에 있는 수명 시간이 아마도 그 사람의 수명을 결정할 것이다. 그런 면에서 우리는 아직도 운명론의 테두리에 있는지도 모르겠다. 하

지만 부유해질 운명과 가난할 운명은 없다고 본다. 큰 부자는 운명이지만 자신의 노력에 따라 작은 부자 정도는 누구나 될 수 있다고 생각한다. 인구 역시 과거에는 자연재해와 같은 영향을 많이 받았겠지만, 지금은 정부에 의해 조절될 수 있는 상황이다. 최근의 상황을 보아서는 앞으로 인구가 줄어드는 문제가 발생하겠지만, 정부의 계획에 따라 이를 막거나 늦출 수는 있다고 생각한다. 아무튼, 운명은 없다고 믿자. 묵자도 운명은 없다고 생각했다. 그만큼 그는 개인의 실천과 노력을 강조한 철학자였다.

❷

지금 천하의 사군자 가운데 간혹 운명론을 주장하는 사람이 있다. 이들은 어찌하여 성왕의 사적을 살펴보지 않은 것인가? 옛날 하나라 걸이 천하를 어지럽히자 탕왕이 이를 물려받아 바르게 다스렸고, 은나라 주가 어지럽히자 주나라 무왕이 물려받아 바르게 다스렸다. 천하가 바뀌거나 백성이 변한 것도 아닌데, 걸과 주가 다스릴 때는 어지러웠고 탕왕과 무왕이 다스릴 때는 잘 다스렸다. 이것이 어찌 운명의 결과이겠는가?

然而今天下之士君子. 或以命爲有. 蓋嘗尙觀于聖王之事. 古者桀之所亂. 湯受而治之. 紂之所亂. 武王受而治之. 此世未易. 民未渝. 在于桀紂. 則天下亂. 在于湯武. 則天下治. 豈可謂有命哉.

✎ 나라에도 운명은 없다는 것이 묵자의 주장이었다. 우리나라의 경제 발전이 운명이었을까? 아니라고 본다. 국가적 정책과 국민들의 힘이 함께 모여 이룩한 결과가 오늘날의 한강의 기적이다. 우리나라는 앞으로 어

떤 지도자를 뽑고 국민들이 어떻게 행동하느냐에 따라 앞날이 결정된다고 본다. 국가를 경영하는 데는 운명은 없다. 만일 우리가 통일 대한민국의 강국을 이룩한다면 그것을 운명이라고 볼 것인가? 그렇지 않다. 그것은 국민과 국가지도자의 결단에 의해 이룩한 것으로 볼 것이다. 미국은 강대국이고 중국이 강대국으로 부상하고 있는데 그것이 운명인가 그렇지 않다. 중국은 알맞은 국가 지도자를 뽑았고 중국 국민들이 힘을 합쳐 이룩하고 있는 것이 세계 초강대국 진입인 것이다. 우리나라도 앞으로의 국운이 밝으려면 좋은 지도자를 뽑아야 하고 국민들이 이를 잘 감시하여 좋은 정책과 알맞은 방향으로 국가라는 배가 나아가도록 도와야 할 것이다.

❸
윗사람을 처벌하는 것은 본래 그들이 벌을 받을 운명이기에 그런 것이지 포학했기 때문에 그런 것이 아니다. 반대로 윗사람이 포상하는 것은 본래 그들이 상을 받을 운명이기에 그런 것이지 현명했기 때문에 그런 게 아니다.

이런 생각으로 군주 노릇을 하면 불의, 신하 노릇을 하면 불충, 아비 노릇을 하면 부자, 자식 노릇을 하면 불효, 형 노릇을 하면 불량, 동생 노릇을 하면 부제를 범하게 된다. 운명론의 고집스러운 주장은 곧 흉악한 이론의 배경이 될 뿐만 아니라 흉포한 자로 돌변하는 지름길이다.

上之所罰. 命固且罰. 不暴故罰也. 是故入則不慈孝于親戚. 出則不弟長于鄕里. 坐処不度. 出入無節. 男女無辨. 是故治官府. 則盜竊. 守城則崩

叛君有難則不死. 出亡則不送. 此上之所罰. 百姓之所非毁也. 執有命者言曰. 上之所罰. 命固且罰. 不暴故罰也. 上之所賞. 命固且賞. 非賢故賞也. 以此為君則不義. 為臣則不忠. 為父則不慈. 為子則不孝. 為兄則不良. 為弟則不弟. 而強執此者. 此特凶言之所自生. 而暴人之道也.

 묵자는 운명론이 흉악한 자를 만든다고 보았다. 모든 게 운명이라면 어떻게 행동하는가에 신경 쓰지 않기에 자연히 나쁜 행동을 하지 않겠느냐는 주장인 것 같다. 또한 운명이 정해져 있다면 사람들이 노력을 안 할 것 같다. 노력하든 그렇지 않든 인생이 정해져 있다면 아무런 노력도 하지 않고 주어진 대로 수동적으로 살아갈 것 같다. 그런 점에서 '첫째 운명론은 나쁜 길로 이끌 수 있다. 둘째 노력을 하지 않게 된다.'가 운명론의 폐해인 것 같다. 물론 어느 정도의 운명은 받아들이는 게 좋다. 하지만 그보다는 운명은 정해져 있지 않다는 당당함으로 살아갈 때 자신의 운명을 개척해 나가는 사람이 될 수 있을 것이다.

2. 비명 중

❶

삼대의 폭군은 눈과 귀가 밝히는 음탕한 욕망과 편벽된 마음을 삼가지 못한 채 밖으로 말을 내달리며 사냥하고, 안으로 음주 가무에 빠진 나머지 나라와 백성을 돌보는 정사를 거들떠보지 않았다. 오히려 쓸데없는 일만 대거 일으켜 백성을 포학하게 대하면서 하극상을 조장했다. 나라가 공허해지고 백성이 망명하고 자신 또한 처형을 당한 이유다. 하지만 내가 어리석고 못나 정사를 잘하지 못 했다고 말하지 않고 반드시 내 운명 때문에 패망했다고 말했다.

是故昔者三代之暴王. 不繆其耳目之淫. 不慎其心志之辟. 外之敺騁田獵畢弋. 內沉于酒樂. 而不顧其國家百姓之政. 繁爲無用. 暴逆百姓. 使下不親其上. 是故國爲虛厲. 身在刑僇之中. 不肯曰. 我罷不肖. 我爲刑政不善. 必曰我命故且亡.

✎ 나라의 운명은 그 지도자에 의해 결정된다. 한 나라가 망한다면 그것은 운명 때문이 아니라 그 지도자의 잘못 때문이다. 항우는 싸우는 싸움마다 다 이겼다. 그런데 마지막 싸움에서 한번 졌다. 그는 그 실수를 훌훌 털어 버릴 수 있었다. 다시 강동으로 가서 힘을 보충해 다시 싸우면 되는 것이다. 하지만 그는 자신의 패배를 운명으로 받아들이고 자결하고 만다. 안타까운 역사적 사례가 아닐 수 없다. 그는 자신이 어떻게 함에 따라 자신과 나라의 운명이 결정되는 것을 믿지 않고 하늘의 뜻이라는 운명을 받아들이고 만 것이다. 한 대통령은 "운명이다."라는 말을 남긴 적이 있다. 하지만 어찌 하늘의 뜻이겠는가? 자신이 행동과 말이 누 적되어 쌓인 자연스러운 결과였을 것이다. 좀 더 좋은 결과가 있으려면 운명은 없다는 사실을 믿고 자신이 자신의 운명을 개척해 나가겠다는 의지로 좀 더 세상과 맞서야 했다.

3. 비명 하

그들이 부지런하면 반드시 부유해지지만 그렇지 못하면 가난해지고, 부지런하면 반드시 따뜻하게 지내지만 그렇지 않으면 헐벗게 된다고 생각했기 때문이다. 그래서 감히 나태하지 않은 것이다.

彼以爲强必富. 不强必貧. 强必飽. 不强必飢. 故不敢怠倦.

✎ 가난하고 부유한 것은 운명이 아니다. 사람의 부귀는 팔자라는 사람이 있다. 하지만 그것은 사실이 아니다. 나는 수없이 많은 재테크 책을 읽으면서 사람의 부귀는 결정된 것이 아니라 자기가 만들어가기 나름이라는 사실을 깨달았다. 물론 운명적인 부자는 있다. 재벌의 2세로 태어난 사람들이다. 이건희나 정몽구 같은 사람들이 그런 사람들이다. 하지만 작은 부자는 자신의 결심과 노력 여하에 따라 될 수 있다고 한다. 그렇기에 우리는 부지런히 일해서 돈을 모을 필요가 있다. 작은 부자를 만드는 결정적인 것은 절약과 저축이다. 이를 종잣돈 삼아 투자를 하게 되면 어느 정도 부자의 위치에 오를 수 있다. 말하기는 쉬우나 실천하기는 결코 쉽지 않은 일이다. 과거에 재테크가 있었을리 없고 백성들은 아마도 한해 한해의 농사에 일희일비하며 살았을 것이다. 그들을 풍요롭게 만드는 것은 역시 부지런하게 일하는 수밖에 없었다. 농사라는 게 손이 많이 가는 작업이기 때문이다. 묵자는 운명론을 부정함으로써 이런 농민들이 자신의 신세를 한탄하거나 포기하지 않고 부지런히 일해 부농으로 거듭나도록 도움을 주었던 것 같다.

4. 비유 하

❶

　유자들은 예악을 번거롭게 꾸미는 번식 예악으로 사람들을 혼란스럽게 만들고 오랫동안 상복을 입고 거짓으로 슬퍼하는 구상 위에로 돌아가신 부모를 기만한다. 운명론을 좇은 탓에 빈곤한 처지에 빠져 있는데도 고상한 체 허세를 부리고 근본을 어긴 탓에 할 일을 내팽개치고 있는데도 안일하게 나태한 모습을 보이며 오만하게 군다. 굶주리고 헐벗어 얼어죽을 위기에 처해있는데도 피할 생각조차 없다. 거지 모습을 한 채 들쥐처럼 음식을 여기저기 숨겨 놓고 숫양처럼 눈에 불을 켜며 먹을 것을 찾아 헤매다가 혹여 눈에라도 띄면 멧돼지처럼 뛰쳐나온다. 여름에는 보리나 벼를 동냥하다가 가을에 곡식을 거둬들이면 크게 장례를 치르는 집을 찾아다닌다. 부잣집에 초상이 나면 크게 기뻐하며 말하기를 이야말로 입고 먹는 근원이라 한다.

且夫繁飾礼樂以淫人. 久喪偽哀以謾親. 立命緩貧而高浩居. 倍本棄事而安怠傲. 貪于飲食. 惰于作務. 陷于飢寒. 危于凍餒. 無以違之. 是若人気. **[兼+鼠(鎌와 좌우 반대)]鼠蔵. 而羝羊視. 賁彘起. 君了笑之. 怒. 曰. 散人焉知良儒. 夫夏乞麦禾. 五穀既収大喪是随. 子姓皆従得厭飲食. 畢治數喪. 足以至矣. 因人之家翠以為. 恃人之野以為尊. 富人有喪. 乃大説喜曰. 此衣食之端也.

✐ 묵자는 유가를 비판했다. 유가의 원래 모습은 이렇지 않았을 것이

다. 하지만 유가도 세월이 오래 지나다 보니 타락해져서 이와 같은 모습이 되고 말았다. 고려시대 불교가 타락한 것도 오랜 시간이 지나서 원래의 초심을 잃고 변질되었기 때문이다. 묵자가 말하는 유가의 모습은 처량하고 불쌍하고 한심하기 그지없다. 이런 모습을 한 사람이 공자의 제자들이라니 공자가 본다면 믿을 수 없을 것이다. 하지만 현실의 유가의 모습은 이러했고 묵자는 이런 유가의 모습을 강하게 비판하고 새로운 사상을 세우고자 했던 것 같다.

❷
공자가 제나라로 가 제경공을 만났다. 제경공이 크게 기뻐하며 공자를 니계땅에 봉할 생각으로 안자와 상의했다. 안자가 말했다. "불가합니다. 무릇 유자는 오만하고 멋대로 행동하는 까닭에 백성을 교화할 수 없고 음악을 좋아해 사람들을 어지럽힙니다. 이들은 기용해 백성을 다스려서는 안 됩니다. 또한 운명론을 들먹이며 국사를 처리하는 까닭에 어떤 직책도 맡겨서는 안 됩니다. 나아가 상례를 중시하며 애상을 그치지 않기에 애민을 행하지도 못합니다. 더구나 기이한 옷을 입고 치장에 힘쓰는 까닭에 친히 백성을 이끌 수도 없습니다."

孔某之齊見景公. 景公說. 欲封之以尼谿. 以告晏子. 晏子曰. 不可. 夫儒浩居而自順者也. 不可以教下. 好樂而淫人. 不可使親治. 立命而怠事. 不可使守職. 宗喪循哀. 不可使慈民. 機服勉容. 不可使導衆.

✎ 공자라고 하면 유가의 시초로 동양에서는 성인으로 불리우는 사람

이다. 하지만 묵자는 단호히 공자의 사상에 반발했다. 공자의 사상이란 백성에 아무런 도움이 되지 않는다고 말했던 것이다. 또한 공자로 인해 전쟁이 발생해 10만 명이나 죽은 것을 사례로 들면서 공자가 세상을 혼란스럽게 한다고 주장했다. 묵자는 공자 이후의 사람이다. 공자의 사상의 장단점을 확실히 알고 있었을 것이다. 묵자가 살던 시대는 공자의 죽은 뒤 한참 뒤였기에 공자의 사상이 폐단을 가져오는 결과를 많이 보았을 것이다. 그것이 묵자가 공자를 부정적으로 바라본 이유였다.

❸

공자가 천하 유세 중 채나라와 진나라 사이에서 진퇴양난의 곤경에 빠졌을 때의 이야기이다. 그때는 돼지고기와 술을 닥치는 대로 먹었다. 하지만 천하 유세가 끝난 후 고기가 바르게 썰지 않으면 먹지 않았다. 자로가 물었다. "어찌 그토록 진나라와 채나라 사이에 있을 때와 반대되는 것입니까?" 공자가 대답했다. "이리 오라. 내가 너에게 일러 주겠다. 전에는 너와 함께 하루를 살아가는 데 바빴지만, 지금은 너와 함께 의를 행하는 데 여념이 없다. 무릇 굶주리고 곤궁할 때는 마구 취해서라도 목숨을 살리는 일을 마다하지 않아야 하고 배부르고 여유가 있을 때는 허례를 통해 스스로 꾸밀 줄 알아야 한다."

"더럽고 사악하며 거짓된 것으로 이보다 더한 게 있을 수 있겠는가?"

孔某窮于蔡陳之間. 藜羹不糂. 十日. 子路爲享豚. 孔某不問肉之所由來而食. 号人衣. 以酤酒. 孔某不問酒之所由來而飮. 哀公迎孔子. 席不端弗坐. 割不正弗食. 子路進請曰. 何其与陳蔡反也. 孔某曰. 來. 吾語女. 曩与女

為苟生. 今与女為苟義. 夫飢約. 則不辞妄取以活身. 嬴鮑. 則偽行以自飾.
汚邪詐偽. 孰大于此.

🖋 묵자는 공자를 강도 높게 비난했다. 공자의 행동이 더럽고 사악하며 거짓되었다고 비판한 것이다. 공자가 예를 중시한 것은 사실이다. 하지만 빈궁할 때 예를 찾지 않고 여유 있을 때 허례를 부리는 것을 묵자는 비판했던 것이다. 묵자는 왜 이렇게 공자에 대해 비판적인 시각을 갖게 되었을까? 공자를 따르는 사람이 많았을 텐데 말이다. 묵자는 공자를 뛰어넘으면 안 된다는 마음을 가졌던 것 같다. 묵자에게 공자는 커다란 산이었다. 그 산을 넘지 않으면 자신의 사상을 펼칠 수 없었다. 그렇기에 묵자는 공자의 사상을 받아들이면서도 그 단점에 대해서는 거침없고 강하게 비판하면서 자기만의 주장을 펼쳤던 것이다.

제10권

1. 경하

❶
비난하는 사람을 비난하는 것은 잘못이다. 비난 내용이 이치에 맞는지 여부가 관건이다.

非誹者諄. 説在弗非.

✎ 묵자는 비난하는 사람이 잘못되지 않았다고 보았다. 비난 내용이 이치에 맞다면 비난하지 않는 게 잘못이라고 생각했다. 인간관계를 좋게 하려면 남의 비판을 하지 않는 게 좋다. 남 뒤에서 하는 욕만큼 인간관계를 파괴하는 것은 없다. 비난받지 않으려면 남을 비판하지 말라는 가르침도 있다. 인간은 주는 대로 받기 마련이다. 내가 비판받기 싫다면 나부터 남을 비판하지 않으면 된다. 이제는 남을 비판하지 말자. 몰래 남 뒤에서 다른 사람을 칭찬해 주자. 그러면 나와 칭찬받는 사람과의 관계가 돈독해질 것이다. 남을 비판하지 않는 것 그것은 바로 인간관계를 좋게 하는 지름길이다.

2. 경설 상

❶

인은 백성을 사랑한다는 것이니 이는 백성을 부려서 사용하겠다는 취지는 아니다. 말을 사랑한다는 것은 말을 잘 부려 이용하려는 속셈이니 이와 동일한 취지가 아니라는 것은 명확하다.

仁愛己者. 非爲用己也. 不若愛馬. 著若明.

🖋 사랑한다는 것은 이용한다는 것과는 다르다. 이용하는 행위는 나쁜 행위이다. 사랑한다는 것은 좋은 것이다. 어느 부모가 자식을 이용해 돈을 벌려고 할까? 그렇지 않을 것이다. 나는 집에서 강아지를 키우고 있다. 강아지가 어떤 경제적 도움이 되지 않지만, 사랑하고 애정을 쏟는다. 그것은 강아지를 이용대상이 아닌 사랑의 대상으로 바라보았기 때문이다. 이처럼 사람이든 동물이든 그것을 이용하는 것과 사랑하는 것은 별개의 문제이다. 우리가 사랑을 하면서 상대방을 이용하려 들면 상대방에게 큰 상처를 줄 것이다. 우리는 진정한 사랑을 하기 위해 상대를 이용대상이 아닌 사랑의 대상으로 받아들여야 할 것이다.

❷

자족은 스스로 족함을 알고 그만두는 것이다. 어떤 일로 인해 남을 속이게 되면 이를 하지 않아야 자족할 수 있다.

為是為是之台彼也. 弗為也.

 자족함은 좋은 가치인 것 같다. 스스로 족함을 알고 그만두는 것 이것보다 겸손하고 올바른 자세가 있을까? 자족하지 않으면 남을 속이게 된다. 이를 하지 않아야 자족하게 되는 것이다.

직장을 가졌는데도 욕심을 부려 더 나은 직장에 가려거나 사업을 시도하는 사람이 있다. 그래서 더욱 어려운 처지에 빠지기도 한다. 그들이 처음 직장에 자족하는 마음을 가졌다면 그런 고통은 만나지 않았을 것이다. 자족은 포기인 것 같지만 포기는 아니다. 스스로의 한계를 알기에 적당한 선에서 그만두는 것이다. 술도 과하게 먹으면 좋지 않다. 적정선에서만 마시면 기분 좋게 마실 수 있다. 삶도 마찬가지이다.

3. 경설 하

❶

덜어내도 해가 되지 않는 경우가 있으니 포식에서 적정한 수준을 넘는 부분을 제거하는 경우가 그렇다. 이는 만족을 맞추는 데 해기 되지 않는다. 그러나 지나치게 많이 먹으면 해가 된다. 마치 넓적다리가 없는 고라니를 포로 만들어 제사장에 올리는 것이 무방하기는 하나, 약간 단점이 있다고 여기는 것과 같다. 덜어내야 이로운 경우도 있다. 학질을 앓는 사람이 학질을 떨쳐내 이익을 얻는 게 그것이다.

損飽者去余. 適足不害. 能害飽. 若傷麋之無脾也. 且有損而後益智者.
若**[疒+虎]病之之

🖊 배가 너무 부르도록 먹는 것은 좋지 않다. 건강에도 다이어트에도 좋지 않을 것이다. 그래서 음식은 절제하는 게 도움이 되는 것이다. 고라니를 포로 올리는 것도 조금 살이 없긴 하겠지만 괜찮을 것이다. 병을 앓는 사람은 병을 떨쳐내는 게 이로운 게 당연하다. 현대인들은 과도하게 무엇인가를 얻으려고 한다. 그리고 가지려고 한다. 하지만 덜 가질 때 오히려 이득이 된다는 사실을 알아야 한다. 실로 우리가 불행한 것은 우리가 너무 적은 것을 가진 게 아니라 너무 많은 것을 가지려고 욕심을 부리기 때문이다. 우리가 가진 것에 감사하고 나에게 넘치는 것을 남과 나누려고 노력할 때 우리는 진정한 행복을 느낄 수 있을 것이다.

❷

배움을 무익하다고 보는 자는 사람들이 이런 사실을 모른다고 생각해 이를 남에게 알려주기 위해 애쓰는데 그것 자체가 바로 배움이다. 배움이 무익하다는 것을 깨우치도록 남에게 알려주는 게 가르침의 일종에 해당한다면 그런 내용을 배운 것 자체가 무익하다는 사실을 가르친 셈이 된다. 배움이 무익하다고 가르친 내용도 무익하게 여기게 되니 결국 모순이 된다.

以為不知学之無益也. 故告之也是. 使智学之無益也. 是教也.
以学為無益也. 教誖.

✎ 배움이 무익하다고 가르치는 것조차 배움이 되니 배움이 무익하다고 가르친 내용도 무익하다는 결론이 난다는 이야기이다. 이는 말장난 같지만, 실상은 진리를 포함하고 있는 내용이다. 장자는 비우라고 말했다. 하지만 비우라는 말 자체도 비워야 하므로 장자의 말은 모순된 것이라고 볼 수 있는 것이다. 그렇다면 묵자는 무엇을 배움이라고 생각했을까? 이렇게 논리적으로 사람의 말의 이치를 따지는 것을 배움이라고 생각하지 않았을까? 묵자의 말의 논리에서 소크라테스의 논리가 보이는 듯하다.

제11권

1. 대취

❶

도적을 만났을 때 손가락을 잘라 죽음을 면했다면 도둑을 만나는 것은 해로운 일이지만, 손가락이나 팔뚝을 잘라 몸을 살리는 게 천하를 이롭게 하는 것이다.

遇盜人. 而斷指以免身. 利也. 其遇盜人害也. 斷指与斷腕. 利于天下. 相若無択也.

🖉 우리는 때론 포기해야 할 경우가 있다. 그것은 더 큰 것을 위해 작은 것을 희생하는 것이다. 고3들이 1년의 자신만의 생활을 포기하는 것은 대학 진학을 위한 더 큰 목표가 있기 때문이다. 취업을 준비하는 사람이 자신만의 생활을 포기하는 것은 취업이라는 더 큰 목표가 있기 때문이다. 아이 엄마가 자신의 삶을 포기하는 것은 아이의 삶이라는 더 큰 목표가 있기 때문이다. 이처럼 사람들은 때론 더 중요한 것을 위해 작은 것을 포기해야 할 때가 있다. 이때를 잘 선택해 단호히 결단을 내려야 한다. 그래야 더 중요한 것을 살릴 수 있다.

❷

성인은 자신의 몸을 스스로 소중하게 여긴 까닭에 질병을 미워했고, 남을 위해 어렵고 험한 일을 피하지 않은 까닭에 위난을 미워하지 않았다. 성인이 자신의 몸을 보중한 것은 자신의 행동으로 사람들이 모두 이로워지기를 바랐기 때문이지, 사람들을 위해 헌신하는 것을 꺼렸기 때문이 아니다. 성인은 자신의 집안을 위해 재화를 쌓아두지 않고 남을 위해 쌓아둔다. 성인은 자식을 위한 일을 하지 않는다. 성인의 법은 부모 사후 곧 부모를 잊으니 이는 천하를 위해 일하고자 함이다.

聖人惡疾病. 不惡危難. 正体不動. 欲人之利也. 非惡人之害也. 聖人不爲其室臧之. 故在于臧. 聖人不得爲子之事. 聖人之法死亡親. 爲天下也.

✎ 성인은 자신보다 남을 생각하는 사람이다. 성인이 이렇게 행동한 것은 천하를 이롭게 하는 것이 곧 자신을 이롭게 한다는 것을 통찰했기 때문이다. 그러므로 성인은 진정으로 지혜로운 자라고 볼 수 있다. 성인은 사람을 사랑했고 박대하지 않았다. 사랑을 하면 그만큼 사랑받는 것을 알았기에 아낌없이 타인을 사랑했던 것이다. 그리고 세상 사람들을 이롭게 하였다. 한 알의 밀알이 썩지 않으면 한 알 그대로 남고, 썩으면 많은 열매를 맺는다는 말이 있다. 나 역시 한 알의 밀알로 썩고 싶다. 그러기 위해서는 자기중심적인 에고에서 벗어나야 할 것이다.

❸

무릇 두루 사랑하는 겸애의 정신을 배우는 것은 높이 칭송받을 만한 일이다. 작은 원의 둥글기와 큰 원의 둥글기는 서로 같은 것이다. 목적지에 1척가량 남겨놓고 도달하지 못한 것과 1천 리가량 도달하지 못한 것 역시 서로 다르지 않다.

> 小圜之圜. 与大圜之圜同. 方至尺之不至也. 与不至鍾之至. 不異.
> 其不至同者. 遠近之謂也.

✎ '오십보백보'라는 말이 있다. 싸움터에서 오십 보 도망친 사람이 백 보 도망친 사람을 비난했다고 한다. 이는 피차 마찬가지인데도 남을 비난하는 경우를 말한다. 이 말은 『맹자』에 나오는데 묵자가 맹자와 공자 사이의 사람인 것을 생각하면 맹자의 오십보백보는 묵자의 사상에서 나온 게 아닌가 싶다. 또한, 겸애를 정신을 배우는 것은 쉬운 일이 아니다. 그것을 머리로는 알기 쉬우나 실제로 실천하기는 어려운 것이다. 그래서 묵자는 두루 사랑하는 겸애를 배우는 것은 칭송받을 만한 일이라고 칭찬하고 있는 것이다.

❹

이 세상에 도적이 아무리 많이 존재할지라도 세상 사람들을 두루 사랑할 줄 알아야 한다. 이 집에 도적이 있다는 것을 안다고 해서 이 집에 있는 모든 사람을 미워해야 하는 것은 아닌 것과 같다. 2인 가운데 1인이 도적이라는 사실을 알 때 2인을 모두 미워하는 것은 아니다. 하물며 당사자가 누구인지 알지 못하는 경우야 어찌 2인 주변의 모든 사람을 미워할 수 있겠는가?

> 智是之世有盜也. 尽愛是世. 智是室之有盜也. 不尽是室也. 智其一人之盜也. 不尽是二人. 雖其一人之盜. 苟不智其所在. 尽惡其弱也.

✎ 도적은 나쁜 사람이다. 쉽게 말해 사랑할 수 없는 사람이다. 하지만 그럼에도 묵자는 세상 사람들을 두루 사랑하라고 한다. 이는 차별 없는 묵자의 사랑의 정신을 확실히 볼 수 있는 내용이다. 설령 도적이 있을지라도 사랑의 정신을 잊지 말라는 것이다. 도적임에도 불구하고 사랑하라는 것이다. 이는 "네 원수를 사랑하라."라는 예수의 가르침을 떠오르게 한다. 묵자의 사상은 서양의 기독교 사상과 견줄만한 사상이었다는 이야기이다. 어쩌면 묵자는 종교지도자가 되고 싶었는지도 모른다. 그의 내용은 종교적인 내용도 많이 있다. 하지만 묵자를 종교 창시자로 볼 수 없는 것은 어디까지 현실 세계 내에서의 사람들의 행동에 대한 가르침이 대부분 이었기 때문이다.

❺

모든 언사는 대소를 막론하고 우선은 어떤 연고에서 태어나고 이치에 기초한 논거로 커지고 마침내 유사한 사례인 유례를 통해 뒷받침된다. 나아가 모든 언사는 유례의 뒷받침이 있어야만 널리 통용될 수 있다. 아무리 뛰어난 이론을 전개할지라도 적절한 유례를 제시하지 못하면 반드시 곤경에 처하게 될 것이다.

> 以故生. 以理長以類行也者. 立辭而不明于其所生忘也.

✎ 어떤 이론이든 이치에 근거하여 여러 가지 사례에 근거를 들어야 한다고 한다. 예를 들어 진화론이 세상 사람들에게 인정받게 된 것은 다윈 그리고 최근의 학자들까지 다양한 사례를 들어서 논리적이고 확실하게 이론을 설명했기 때문이다. 아인슈타인의 과학 이론도 사실로 받아들여진 것은 다른 과학자가 직접 실험을 통해 그것을 입증했기 때문이다. 이처럼 이론이나 주장은 사례를 통해 증명될 수 있다. 이 사실을 알았기에 묵자는 자신의 사상을 더욱더 설득력 있게 갈고 닦을 수 있지 않았나 싶다. 우리도 어떤 주장이나 이론을 만들고자 한다면 그에 해당하는 사례부터 찾아내서 그것으로 뒷받침할 근거를 마련해야 한다. 법정에서도 판례를 분석하듯이 우리도 생활에서도 마찬가지이다.

❻

천하 사람을 두루 사랑하는 겸애는 스스로를 사랑하는 자애와 같아야 한다는 주장은 마치 뱀이 외부의 공격을 받았을 때 머리와 꼬리가 하나가 되어 싸우는 것에 비유할 만하다.

> 兼愛相若. 一愛相若. 一愛相若. 其類在死也.

✎ 최근 나온 심리학을 비롯한 여러 책을 보면 자신을 사랑하라는 말이 많이 나온다. 나는 이게 최근의 연구 결과인 줄 알았다. 하지만 이미 묵자는 자애가 중요하다는 사실을 이미 알고 있었다. 자신을 사랑할 줄 아는 사람이 남을 사랑할 수 있다는 말이 있다. 다른 사람을 차별 없이 두루 사랑하라면 먼저 나를 사랑할 줄 알아야 한다. 나를 사랑하는 사

람이 남도 사랑할 수 있다. 자신도 사랑하지 못하는 사람이 남을 사랑할 수는 없을 것이다. 오히려 사랑을 갈구하는 어린아이가 되어 다른 사람에게 피해만 끼칠 것이다. 불교에서도 나 자신을 사랑하는 것의 중요성을 가르친다. 나 자신 하나를 돌보는 것이 세계평화에 기여한다고 한다. 그만큼 자신만 바라보고 자신의 마음 상태와 감정의 움직임을 조절하는 것을 중요하게 여긴다. 여기서는 묵자는 겸애설과 자애를 마치 뱀의 꼬리와 머리가 협동하는 것에 비유했다. 흡사 이는 자전거의 앞바퀴와 뒷바퀴와 같다. 그만큼 서로 간에 긴밀한 영향을 주고받는다는 이야기이다.

2. 소취

– 생략 –

3. 경주

묵자가 제자인 경주자를 꾸짖자 경주자가 말했다.

"저는 남보다 나은 게 없습니다."

묵자가 말했다.

"내가 장차 태항산을 오르고자 한다. 준마와 양이 끄는 수레가 있다고 하자. 너는 어느 쪽을 몰고 갈 생각이냐?"

"준마를 몰겠습니다."

"왜 준마를 몰려는 거냐?"

"준마는 족히 일을 할 만하기 때문입니다."

묵자가 말했다.

"나 역시 네가 일을 수행할 만하다고 여기고 있다."

子墨子怒耕柱子. 耕柱子曰. 我母俞于人乎. 子墨子曰. 我將上大行. 駕驥
与羊. 子將誰敺. 耕柱子曰. 將敺驥也. 子墨子曰. 何故敺驥也. 耕柱子曰.
驥足以責. 子墨子曰. 我亦以子爲足以責.

✎ 춘추전국 시대에는 수많은 사상가들이 나와서 활동했다 그들의 공통점은 그들을 따르는 제자가 있었다는 것이다. 이전까지의 많은 내용을 살펴보았으나, 묵자의 제자가 나오지 않아 묵자는 제자가 없는 줄 알았다. 하지만 경주 편에서는 그의 제자에 관한 이야기가 나온다. 우리의 철학이나 사상이 전해지는 것은 그것을 전하는 사람이 있기 때문이다. 공자에게는 맹자가 있었고 소크라테스에겐 플라톤이 예수에게는 열두 제자가 있었다. 이처럼 후학을 양성하는 것은 우리나라에서도 중요하게 생각되었다. 자신의 사상이나 철학을 이어받을 사람이 있는가? 우리는 보통 자식을 통해 이런 작은 소망을 달성하려고 한다. 혹은 뜻있는 사람이라면 출판을 통해서 자신의 이야기를 전달하려고 할 것이다. 방법은 어떤 것이든 좋다. 우리의 생각을 이어줄 방법을 찾아내자. 자신의 가치와 필요성을 후대에 전하자. 그러면 죽음으로부터 오는 허무와 공포를 조금이나마 덜 수 있을 것이다.

❷
제자인 치도오와 현자석이 스승인 묵자에게 물었다.

"의를 행할 때 무엇을 가장 힘써야 합니까?"

묵자가 대답했다.

"비유하면 담을 쌓는 것과 같다. 흙을 다지는 데 능한 자는 잘 다지고, 흙을 옮기는 데 능한 자는 잘 옮기고, 인부를 감독하는 데 능한 자는 잘 감독하면 된다. 그러면 담은 제대로 쌓아질 것이다. 의를 행하는 것도 이와 같다. 변론에 능한 자는 잘 변론하고, 해설에 능한 자는 잘 해설하고 일에 능 한자는 잘 일하면 된다. 그러면 의로운 일들이 모두 성취될 것이다."

治徒娛. 県子碩. 問于子墨子曰. 為義孰為大務. 子墨子曰. 譬若築牆然. 能築者築. 能実壤者実壤. 能欣者欣. 然后牆成也. 為義猶是也. 能談辯者談辯. 能説書者説書. 能従事者従事. 然后義事成也.

✎ 묵자는 의를 행하는 것을 담을 쌓는 것에 비유해서 설명했다. 유명한 성인들의 특징은 비유를 잘 이용한다는 것이다. 예수는 "네 눈의 들보를 빼내어라. 그래야 남의 단점을 더 잘 볼 것 아니냐?"라고 말했다. 부처는 "내 젖은 오래도록 변하지 않는 진미다."라며 자신의 사상을 말했다. 소크라테스는 자신이 도시의 등에라며 자신의 역할을 강조했다. 현대의 강연가들도 비유를 사용해서 설명한다. '내가 깨면 달걀, 남이 깨면 후라이'라든지 '내가 우유 배달원이 우유를 받아먹는 사람보다 건강하다.'라든지 등의 말을 말이다. 우리도 사람들이 알기 쉽게 이해하려면 비유법을 활용할 필요가 있다. 비유법을 키우기 위해서는 평소에 언어에

관심을 가지고 여러 책을 읽고 시를 읽어 보는 게 많은 도움이 될 것이다. 우리가 서로 간에 더 밀접하고 알기 쉽게 소통하게 될 때 우리의 가치도 올라가게 될 것이다. 여기서 묵자의 주장을 더 살펴보자면 각자의 위치에서 역할을 잘할 때 성취가 될 것이라는 주장이다. 이는 흡사 스포츠경기와 같다. 축구에서 각 선수는 각 영역에 맡는 포지션을 부여받는다. 그 포지션에 맞게 자신의 역할을 잘할 때 게임은 승리로 이끌 수 있다. 묵자는 스포츠를 몰랐겠지만, 묵자의 생각은 현대의 스포츠를 통해 구현되고 있는 것이다.

❸

무마자가 묵자에게 물었다.

"선생은 비록 천하를 두루 사랑하지만 아직 그 이로움이 나타나지 않고 있습니다. 저는 천하를 사랑하지 않지만, 아직 해로움이 나타나지 않고 있습니다. 결과가 아직 나타나지 않았는데 선생은 어찌하여 홀로 옳고 저만 그르다고 하십니까?"

묵자가 반문했다.

"지금 여기에 불이 났다고 봅시다. 한 사람은 물통을 들어 끼얹으려 하고 한 사람은 불쏘시개를 들어 화세를 더 키우려 할 경우 결과는 나타나지 않지만, 그대는 두 사람 중 누구를 귀하게 여기겠는가."

무마자가 대답했다.

"저는 물통을 든 사람의 뜻이 옳고 불쏘시개를 든 사람의 뜻이 그르다고 생각합니다."

묵자가 말했다.

"나 역시 천하를 두루 사랑하는 나의 뜻이 옳고 천하를 사랑하지 않는 그대의 뜻이 그르다고 여기오."

巫馬子謂子墨子曰. 子兼愛天下. 未云利也. 我不愛天下. 未云賊也. 功皆未至. 子何獨自是而非我哉. 子墨子曰. 今有燎者于此. 一人奉水. 將灌之. 一人摻火. 將益之. 功皆未至. 子何貴于二人. 巫馬子曰. 我是彼奉水者之意. 而非夫摻火者之意. 子墨子曰. 吾亦是吾意. 而非子之意也.

✎ 일생을 뜻있게 산다는 것은 쉽지 않다. 그리고 뜻있는 사상과 철학을 가지고 산다는 것도 쉽지 않다. 공자는 지금에 와서는 엄청나게 인정받고 있지만, 공자가 살았던 당대에는 인정받지 못하고 어느 나라에서도 환영받지 못하는 한 사람의 불쌍한 사람이었을 뿐이다. 그럼에도 공자는 자신의 사상에 대한 믿음을 가지고 제자를 키우기 시작했다. 결국, 공자의 사상은 중국에서 크게 인정받아 지금은 인류의 성인이라고 불리고 있다. 묵자 역시 마찬가지이다. 현세에서는 크게 인정받지 못했지만, 그 후에라도 그의 겸애설과 비공과 같은 가치들은 전해져 내려오고 있다. 묵자에 관한 연구는 앞으로도 더 많아질 예정이다. 그것은 그의 사상이 21세기인 지금에도 가치가 있음을 보여준다고 볼 수 있다.

❹

말은 능히 실천할 수 있는 것이면 늘 해도 된다. 그러나 실천할 수 없는 것이면 늘 해서는 안 된다. 실천할 수 없으면서 늘 행하면 망언이 된다.

言足以复行者常之. 不足以挙行者勿常. 不足以挙行而常之. 是蕩口也.

    ✎ 사람들은 말을 조심해야 한다. 왜냐면 말에는 운명을 제어하는 힘이 있기 때문이다. 연예인이나 운동선수가 구설수에 오르는 경우는 말 때문인 경우가 많다. 국회의원이 크게 비판받는 것도 말을 잘못해서인 경우가 많다. 방송인들은 방송에서 조금만 말실수를 해서 크게 비난받는다. 그만큼 공인의 입장에서 말을 해야 하기 때문이다. 말은 사람을 살리기도 죽이기도 한다. 사람의 꿈을 실현시키기도 무너뜨리기도 한다. 이런 말의 중요성을 알기에 우리는 말을 조심스럽게 하지 않을 수 없다. 실천할 수도 없는 말을 계속 늘어놓는 사람은 실없는 사람이 될 뿐만 아니라 신뢰감도 떨어뜨리는 요인이 될 수 있다. 밥에 '고맙습니다.'라는 말과 욕을 한 실험이 있다. '고맙습니다.'를 말한 밥은 예쁘게 보존되었지만, 욕을 한 밥은 시꺼멓게 썩어 버렸다. 물을 대상으로 한 실험도 마찬가지였다. '고맙습니다.'에는 물의 결정이 아름다웠고 욕을 한 물은 결정이 파괴되어 있었다. 우리는 마땅히 긍정적이고 밝은 언어를 사용하고 너무 말을 많이 함으로써 자신의 발목을 잡는 일이 없도록 해야 할 것이다. 말은 꼭 해야 할 말만 필요할 때 하면 그만이다. 그럴 때 우리는 실언이나 망언을 줄일 수 있을 것이다.

제12권

1. 귀의

❶

묵자가 말했다. "'천하만사 가운데 의보다 더 귀한 게 없다. 지금 어떤 사람에게 묻기를 그대에게 관과 신발을 줄 터이니 그대의 수족을 자르도록 하시오. 그리하겠소?'라고 하면 반드시 그리하지 않을 것이다. 왜 그런가? 관과 신발은 수족보다 귀하지 않기 때문이다." 또 묻기를 "'그대에게 천하를 줄 터이니 그대 몸을 죽여야 하오 그리하겠소?'라고 하면 반드시 그러지 않을 것이다. 왜 그런가? 천하는 자기 몸보다 중요하지 않기 때문이다. 사람들은 한마디 말을 다투다가 서로 죽이기도 한다. 의를 자신의 몸보다 더 귀하게 여기기 때문이다. 천하만사 가운데 의보다 더 귀한 게 없다고 말하는 이유다."

子墨子曰. 万事莫貴于義. 今謂人曰. 予子冠履. 而斷子之手足. 子為之乎. 必不為. 何故. 則冠履不若手足之貴也. 又曰. 予子天下. 而殺子之身. 子為之乎. 必不為. 何故. 則天下不若身之貴也. 爭一言以相殺. 是貴義于其身也. 故曰. 万事莫貴于義也.

 옛사람은 의를 가지고 다투어 서로의 목숨마저 걸곤 했다. 지금의 시대는 어떠한가? 쓸개 빠진 사람만 가득하지 않은가? 물론 의를 위해 목숨을 거는 것 어리석어 보이기도 하다. 하지만 의를 위해서라면 목숨까지 걸었던 것을 생각하면 그때의 정신이 그립기도 하다. 서양에서는 결투라고 해서 총싸움이나 칼싸움을 하였다. 주로 명예를 지키기 위해서 그랬는데 이는 의를 지키기 위해 싸우는 동양과 비슷한 사례라고 할 수 있다. 묵자는 천하만사 중에 의보다 더 귀한 게 없다고 주장한다. 공자가 인을 강조했듯이 묵자에게는 의는 가장 중요시해야 할 인간 사회의 가치였다. 우리는 묵자에게 의를 배움을 통해서 이전보다 나은 사회를 만들어갈 힘을 얻을 수 있을 것이다.

❷

"선생의 말은 실로 뛰어납니다. 그러나 우리 군왕은 천하를 호령하는 대왕인 까닭에 혹여 천한 백성의 주장으로 여겨 채택하지 않는 경우는 없겠습니까?"

묵자가 대답했다.

"실행에 옮겨 효과를 보기만 하면 됩니다. 비유하면 마치 약과 같습니다. 하찮은 풀뿌리일지라도 천자가 먹고 병을 고칠 수 있다면 어찌 하찮은 풀뿌리라고 하여 복용치 않겠습니까? 지금 농부들이 왕공대인에게 세금을 바치면 왕공대인은 단술 등의 제물을 만들어 상제와 귀신에게 제사를 올립니다. 어찌 천한 백성이 만든 것이고 하여 제사를 받지 않겠습니까?"

子之言則成善矣. 而君王. 天下之大王也. 毋乃曰. 賤人之所爲. 而不用乎.
子墨子曰. 唯其可行. 譬若藥然. 草之本. 天子食之. 以順其疾. 豈曰. 一

草之本而不食哉. 今農夫入其稅于大人. 大人為酒醴粢盛. 以祭上帝鬼神.
豈曰. 賤人之所為而不享哉.

✎ 묵자는 자신의 사상에 대한 자신감이 있었다. 자신의 사상이 약처럼 잘 사용될 것이라고 믿었다. 만일 병자가 있고 치유가 되기를 원한다면 그것이 천한 백성이 캐온 것이든 황제가 캐온 것이든 상관하지 않고 풀뿌리를 먹을 것이다. 이처럼 묵자는 자신의 사상이 나라와 군주에게 모두 이로울 것을 확신했다. 우리도 묵자처럼 자신에 대한 확신과 자신감이 있는가? 오늘날 중요한 가치라고 볼 수 있는 부에 대해 생각해 보자. 여러 조사에 의하면 부란 곧 자신감이라고 한다. 우리가 부를 이루고자 한다면 자신감부터 키워야 한다. 자신감이 있을 때 부와 사람이 몰려와 우리의 인생이 달라지게 될 것이다.

❸

묵자가 말했다. "무릇 말과 행동이 하늘가 귀신 및 백성에게 이익이 되는 것이라면 해야 하고 하늘과 귀신 및 백성에게 해가 되는 것이라면 버려야 한다. 말과 행동이 삼대의 성왕인 요, 순, 우, 탕, 문왕 및 무왕 등에 부합하는 것이라면 해야 하고, 삼대의 폭군인 걸, 주, 유왕 및 여왕 등에 부합하는 것이라면 버려야 한다."

凡言凡動. 利于天鬼百姓者為之. 凡言凡動. 害于天鬼百姓者舍之. 凡言凡動.
合于三代聖王尭舜禹湯文武者為之. 凡言凡動.
合于三代暴王桀紂幽厲者舍之.

🖊 묵자는 철저히 실용주의 노선을 따랐다. 말도 마찬가지였다. 이득이 되면 하고 이득이 되지 않으면 하지 않아야 한다는 것이다. 하지만 우리는 일상생활에서 말을 가려 하기란 쉽지 않다. 되는대로 말이 나오기 마련이다. 때론 의미 없는 말을 주고받기도 한다. 하지만 꼭 묵자처럼 이득이 되는 말만 하려고 하지 말자. 우리의 말은 다양한 역할을 한다. 꼭 이득을 주는 말만 골라 할 필요는 없다. 우리는 말을 효과적인 의사소통을 하기 위해서 한다. 물론 묵자처럼 이득이 되는 말만 골라서 하는 게 좋겠지만 그렇지 않더라도 관계를 좋게 만든다면 기꺼이 우리는 입을 열어 말과 행동을 해야 한다.

❹

묵자는 말했다.

"세상의 군자는 개나 돼지를 잡는 백정의 일을 하락하면 손사래를 치며 사절한다. 그러나 한나라의 재상이 되라고 하면 그 일을 감당할 수도 없는데도 다퉈 맡고자 한다. 이 어찌 도리에 어긋난 짓인가?"

世之君子. 使之為一犬一彘之宰. 不能則辞之. 使為一国之相.
不能而為之. 豈不悖哉.

🖊 세상에 직업에 귀천은 없다고 한다. 하지만 예나 지금이나 직업에 차별은 있는 것 같다. 누구나 높은 자리에 올라서 귀하게 대접받기를 바라지 남이 하기 싫은 일을 하기를 원하지는 않는다. 묵자는 이런 세상 사람들의 마음을 비판했다. 그것은 도리에 어긋난다는 것이다. 하지만 현

재에도 실현되지 않은 것이 먼 과거인 묵자 시대에 이루어졌을리 없다. 묵자의 사상은 역시 현실과는 거리가 있었다. 하지만 올바른 직업관을 가지고 있었다고 보인다. 사람은 자신에게 어울리지 않는 직업을 선택해서는 안 된다. 남들의 눈에 좋은 직업을 가진 사람은 후회한다. 그리고 평생을 살고 후회하기도 한다. 남들이 좋지 않다고 여겨도 내가 가진 능력과 개성에 맞으면 그 직업을 하는 게 옳다. 우리는 직업 선택에 대한 더 열린 시각을 가져야 한다.

2. 공맹

"지금 세상이 어지러워 미녀를 구하는 자가 많소. 미녀가 밖으로 나다니지 않을지라도 많은 사람들이 그녀를 만나고자 하오. 지금 선행을 실천코자 하는 사람들은 매우 적소. 힘써 유세하지 않으면 사람들이 이를 알지 못하오. 여기 2명의 점쟁이가 있는데 한 사람은 돌아다니면서 점을 쳐주고 또 한 사람은 들어 앉아 점을 치면 누가 더 많은 복채를 받겠소. 돌아다니는 자가 더 많은 것입니다."

묵자가 말했다.

"나 또한 그러하니 인의를 주장하는 게 동일한 경우 돌아다니며 유세하는 공이 더 클 것이오. 그러니 내가 어찌 돌아다니며 유세하는 것을 마다할 리 있겠소."

今夫世亂. 求美女者衆. 美女雖不出. 人多求之. 今求善者寡. 不強説人.
人莫之知也. 且有二生. 于此善筮. 一行爲人筮者. 一処而不出者. 行爲人
筮者. 与処而不出者. 其糈孰多. 公孟子曰. 行爲人筮者. 其糈多. 子墨子曰.
仁義鈞. 行説人者. 其功善亦多. 何故不行説人也.

✎ 묵자는 일종의 정치인이다. 정치인이 가만 있다고 해서 사람들이 그 사람을 알아주지 않는다. 선거에서 열심히 뛰어야 하는 것처럼 유세를 하려 돌아다녀야 한다. 왜냐하면, 묵자의 사상은 독특했기 때문이다. 묵자는 선행을 실천하고자 했는데 지금도 마찬가지겠지만, 그때는 선행을 하는 사람이 적었다. 그래서 묵자는 자신이 직접 사람들을 만나러 다니면서 유세하지 않으면 자신의 주장이 퍼져 나가지 않을 것이라고 생각한 것이다.

❷

공맹자가 말했다.

"군자는 옛날 말을 하고 옛날 복장을 한 연후에 어질다고 할 수 있습니다."

묵자가 말했다.

"옛날 은나라 주와 그의 신하 비중은 천하의 포학한 자들이었고 기자와 미자는 천하의 성인이었다. 이들은 똑같은 말을 했으나, 혹자는 어질었고 혹자는 어질지 않았다. 주공단은 천하의 성인이었고 그의 동생 관숙은 천하의 포학자였다. 이들은 같은 옷을 입었으나 혹자는 어질고 혹자는 어질지 않았다. 인덕의 수양은 옛날 말과 복장은 아무 관련이 없는 것이다."

公孟子曰. 君子必古言服. 然后仁. 子墨子曰. 昔者商王紂. 卿士費仲.

> 為天下之暴人. 箕子微子. 為天下之聖人. 此同言. 而或仁不仁也. 周公旦
> 為天下之聖人. 関叔為天下之暴人. 此同服. 或仁或不仁. 然則不在古服
> 与古言矣.

✎ 묵자는 인덕의 수양은 말과 복장과는 아무런 관련이 없다고 한다. 불교의 스승과 기독교, 천주교의 스승을 보라 다 다른 옷을 입었지만 그들의 성품이나 인품은 매한가지로 훌륭하다. 이는 옷에 특정 성품이 깃드는 것은 아니라는 사실을 말해준다. 물론 단정한 복장이 좋을 것이다. 그렇지만 찢어진 청바지를 입는다고 해서 날라리가 아니듯 옷차림이 조금 다르다고 해서 성격까지 그에 영향을 받는 것도 아니다 말도 마찬가지이다. 사투리를 쓰는 사람이 많은데 사투리를 쓴다고 해서 말의 그 본성 그 자체가 변하는 것은 아니다. 이처럼 말과 옷은 선택일 뿐이지 특정한 성품을 나타낸다고 볼 수 없다.

❸

묵자가 정번과 얘기하다가 공자를 칭송했다. 정번이 물었다. "유가를 비난하면서 무슨 이유로 공자를 칭송하는 것입니까?" 묵자가 대답했다.

"공자도 합리적인 얘기를 하며 바꿀 수 없는 점을 언급했기에 그런 것이다. 지금 새들은 땅의 가뭄으로 인해 뜨거워질 것을 알아 높이 날아오르고 물고기들 역시 물아래로 잠긴다. 이런 상황에서는 설령 우왕과 탕왕일지라도 어찌할 도리가 없다. 새나 물고기 모두 어리석은 미물이지만 성왕인 우왕과 탕왕조차 때로는 그들의 행동을 그대로 좇는다. 지금 내가 공자를 칭송한 것도 같은 경우가 아니겠는가?"

子墨子与程子辯. 称于孔子. 程子曰. 非儒. 何故称于孔子也. 子墨子曰. 是亦当而不可易者也. 今鳥聞熱旱之憂則高. 魚門熱旱之憂則下. 当此雖禹湯為之謀. 必不能易矣. 鳥魚可謂愚矣. 禹湯猶云因焉. 今翟曾無称于孔子乎.

✎ 공자를 비난만 했던 묵자가 공자를 칭송했다니 의외인 부분이었다. 묵자는 그 이유를 공자가 합리적인 이야기를 했다면서 공자의 편을 들었다. 이는 물고기와 새의 움직임과 비슷하다는 것이다. 그들은 미물이지만 성인조차도 그들의 행동 말고는 다른 것을 따를 도리가 없었다는 것이다. 때론 짐승들이 우리보다 재난을 먼저 예측하고 움직이기도 한다. 우리는 때론 동물의 움직임을 따라야 하는 것이다. 묵자가 공자를 미물에 비유한 것은 조금 공자를 얕본 것이라고 볼 수 있지만, 자신도 공자를 따를 수밖에 없었다고 하면서 공자에 대한 상반된 평가를 내놓는다.

❹

어떤 자가 묵자의 문하로 왔다. 묵자가 물었다.

"어찌하여 배울 생각을 하지 않는 것인가?"

그가 대답했다.

"저의 집안사람 가운데 배운 자가 없습니다."

묵자가 말했다.

"그렇지 않다네 '미인을 좋아하는 사람이 어찌 우리 집안사람들 가운데 미인을 좋아하는 사람이 없어 나 또한 좋아하지 않는다.'라고 말할 수 있겠는가? 부귀를 바라는 사람이 어찌 '우리 집안 사람들 가운데 부귀를 바라는 사람이 없어 나 또한 바라지 않는다.'라고 말할 수 있겠는가? 미인을 좋아하고 부귀를 바라는 자는 남이 어찌하든 스스로 앞다퉈 이를 얻고자 애쓴다. 대의는 천하의 보기이다. 어찌 반드시 남이 하는 것을 본 뒤 뒤쫓아 이를 행하려 들겠는가?"

有游于子墨子之門者. 子墨子曰. 盍学乎. 対曰. 吾族人無学者. 子墨子曰. 不然. 未好美者. 豈曰吾族人莫人好. 故不好哉. 夫欲富貴者. 豈曰我族人莫之欲. 故不欲哉. 好美欲富貴者. 不視人. 猶強為之. 夫義. 天下之大器也. 何以視人. 必強為之.

✎ 지금 이 시대는 흙수저 금수저 하면서 타고난 지위나 재산, 집안에 대한 자조적인 목소리가 깊다. 묵자 시대에도 그런 사람이 있었나 보다. 스스로 자기 집안에 배운 사람이 없다고 배움을 포기하는 것이다. 하지만 그렇지 않다. 못 배운 농부의 집안에서도 대학까지 가는 자식이 나올 수 있고, 오히려 자신의 부모나 친척이 못 배운 것을 보았기에 더 깊은 공부까지 하고자 할 수도 있다. 우리는 자신의 처지를 비관해 스스로의 가능성을 차단하는 어리석은 일을 하지 말아야 한다. 나도 할 수 있다는 자신감으로 자신이 미래를 개척하려는 노력을 기질 때 수지 논린은 한낱 자신의 투정이었다는 사실을 알게 될 것이다.

❺

제자 몇 명이 묵자에게 말했다.

고자가 말하기를 "묵자는 입으로만 의를 말하고 행동은 심히 악하다고 했습니다. 청컨대 그를 내 치십시오."

묵자가 말했다.

"그럴 수 없다. 내주장을 칭송하면서 행동을 비난한 것은 아무것도 하지 않는 것보다 낫다. 여기 어떤 사람이 나를 두고 말하기를 묵자는 매우 어질지 못하다. 하늘을 높이고 귀신을 섬기며 사람들을 사랑해야 한다고 말하면서 그 행동만큼은 매우 어질지 못하다고 했을지라도 아무런 말을 하지 않는 것보다 낫다. 지금 고자는 언변이 매우 뛰어난 자이다. 그는 인의를 전면에 내세우면서도 내가 역설한 인의를 비난하지 않는다. 그가 나를 비난한 것은 아무런 말도 하지 않은 것보다 훨씬 나은 것이다."

告子曰. 言義而行甚惡. 請棄之. 子墨子曰. 不可. 称我言以毀我行. 愈于亡. 有人于此. 翟甚不仁. 尊天事鬼愛人. 甚不仁独愈于亡也. 今告子言談甚辯. 言仁義而不吾毀. 告子毀. 猶愈亡也.

✎ 누구나 비판받으면 화가 나기 마련이다. 하지만 묵자의 그릇은 넓었다. 자신을 비판한 고자를 능히 품은 것이다. 오히려 고자가 말을 잘했다면서 그를 칭찬하고 두둔했다. 우리도 이처럼 넓은 마음과 사고를 가지고 사람을 대해야 한다. 주위에 사람이 없는 경우를 보면 마음 그릇이 좁은 사람이 많다. 자신의 마음 그릇을 넓혀야 그 안에서 여러 사람들이 노닐다 갈 수 있다. 우리는 자신의 마음 크기를 늘리는 데 힘써 보자. 그러면 묵자 만큼은 아닐지라도 여러 사람들과 즐겁게 사교를 나눌 수 있는 좋은 사람으로 평가받게 될 것이다.

제13권

1. 노문

　묵자가 말했다. "남의 나라를 빼앗고 그 군사를 전멸시키는 병국 복군을 행하면서 무고한 백성을 죽이면 과연 누가 그에 따른 화를 입는 것입니까?" 전화가 고개를 숙이다가 드는 식으로 잠시 생각하다가 말했다. "내가 그 화를 입을 것이오."

　　　子墨子曰. 并国覆軍. 賊敖百姓. 孰将受其不祥. 大王俯仰而思之.
　　　　　　　曰. 我受其不祥.

　✎ 묵자는 앞서 말했듯 전쟁을 반대했다. 전쟁으로 인해 상대 백성을 많이 죽이면 해는 자연스레 그 죽인 사람과 국가에게로 온다고 믿었다. 전쟁의 끔찍함은 단지 전쟁에서 병사들만 죽는 것이 아니라 아무런 죄 없는 그 나라 국민들도 죽어 나가는 것 때문이다. 그로 인해 가족에게는 슬픔과 불행이 닥치니 그 원망은 다 누구에게 가겠는가? 그로 인한 원한으로 또 다른 복수가 이어지고 그 복수는 또 다른 복수를 부르고 결코 고통에서 헤어 나오지 못할 것이다. 불교에서는 이를 악연이라고 부른다. 악연을 끊는 방법은 서로 상대를 공격하는 데서 벗어나 평화를 찾는 일이다. 그것은 힘든 일인지는 몰라도 전쟁의 분노와 아픔을 없앨 수 있는 유일한 길이다.

2. 공수

　묵자가 초왕을 만나 물었다. "지금 여기 어떤 사람이 자신의 수놓은 수레를 버려둔 채 이웃의 낡은 수레를 훔치려고 합니다. 또 자신의 수놓은 비단인 금수를 버려둔 채 이웃의 거친 단의를 훔치려고 합니다. 나아가 자신의 미식을 버려둔 채 이웃의 겨와 지게인 조강을 훔치려고 합니다. 과연 이는 어떤 자입니까?"
　초왕은 대답했다. "반드시 도둑질 버릇이 있는 자일 것이요."

子墨子見王. 曰. 今有人于此. 舍其文軒. 鄰有敝轝. 而欲窃之. 舍其錦繡. 鄰有短褐. 而曰. 必為窃疾矣.

　✒ 묵자는 어떤 것을 보아도 훨씬 부국이고 넓은 나라인 초나라가 송나라를 공격하는 것을 비판했다. 그것은 도둑질과 같은 것으로 보았다. 그것은 이득이 되지 않을 뿐만 아니라 도리적으로도 문제가 있었다. 하지만 초나라는 송나라를 공격했고 묵자는 이를 막아 내었다. 이에 초왕은 송나라를 공격하지 않겠다고 말한다. 이를 보았을 때 사람의 욕심은 끊임없는 것 같다. 특히나 부자들의 욕심은 더욱 심하다. 99개를 모은 사람이 100개를 채우고자 1개 가진 사람의 것을 빼앗는다는 말이 있다. 부자들의 탐욕이 이 세상을 더욱 병들게 한다. 부디 부자들은 이 사실을 알아 자신의 탐욕을 누르고 검소한 삶을 통해 모범을 보이기를 바랄 뿐이다.

3. 52~71장

- 전쟁과 전투에 관한 상세한 내용이라서 생략함 -

| 에필로그 |

　　　　　　묵자는 자신을 희생해 백성들을 위해 사랑의 가르침을 폈던 인물이다. 나도 그처럼 될 수 있을까? 이는 모두의 가슴속에서 물어야 할 질문일 것이다.

　묵자를 읽어나가면서 머릿속이 트이는 경험을 했다. 중요한 것은 묵자의 사상이자 실천이다. 스스로 사랑하는 삶을 살 때 그 사람은 이 책을 통해 사랑 공부를 했다고 볼 수 있을 것이다. 사람들은 주로 내게 이득 되는 사랑을 하기는 쉽지만, 남에게 이득 되는 사랑을 하기란 쉽지 않은 일이다. 누구나 사랑을 할 수 있다고 하지만 진정으로 이웃을 위해 실천하는 사랑을 하는 사람이 얼마나 되는지는 의심스럽다.

　중요한 것은 내 안의 이기심을 깨는 것이다. 사람들은 결코 독립된 존재가 아님을 깨닫고 나와 네가 연결되어 있다는 사실을 알아 남의 아픔과 괴로움에도 공감할 수 있는 사람이 될 때 그 사람은 자신도 성장하고 이 사회도 성장시켜 나갈 수 있는 사람이라고 할 수 있다.

　이 땅의 젊은이들, 그리고 어른들이 묵자의 사랑을 배워 현실 속에서 사랑이 넘치는 사회를 만듦을 통해 한 발자국 나아갔으면 한다. 그리고 이 책이 그 실천의 밑거름이 되기를 바란다.

| 참고문헌 |

『묵자』, 인간사랑, 신동준 옮김, 묵자 지음
『묵자』, 을유문화사, 최환 옮김, 묵자 지음